Kurzgrammatik
Portugiesisch

Zum Nachschlagen und Üben

Nair Nagamine Sommer
Maria José Peres Herhuth

Hueber Verlag

Beratung: Armindo José de Morais, Lisboa

Unser besonderer Dank gilt Rosa Almeida-Rayer
für das sorgfältige und kritische Durchlesen der Kapitel.

Der Verlag weist ausdrücklich darauf hin, dass im Text
enthaltene externe Links vom Verlag nur bis zum Zeitpunkt
der Buchveröffentlichung eingesehen werden konnten.
Auf spätere Veränderungen hat der Verlag keinerlei Einfluss.
Eine Haftung des Verlags ist daher ausgeschlossen.

Das Werk und seine Teile sind urheberrechtlich geschützt.
Jede Verwertung in anderen als den gesetzlich zugelassenen
Fällen bedarf deshalb der vorherigen schriftlichen Einwilligung
des Verlags.

Eingetragene Warenzeichen oder Marken sind Eigentum des
jeweiligen Zeichen- bzw. Markeninhabers, auch dann, wenn
diese nicht gekennzeichnet sind. Es ist jedoch zu beachten,
dass weder das Vorhandensein noch das Fehlen derartiger
Kennzeichnungen die Rechtslage hinsichtlich dieser
gewerblichen Schutzrechte berührt.

| 4. 3. 2. | Die letzten Ziffern |
| 2025 24 23 22 21 | bezeichnen Zahl und Jahr des Druckes. |

Alle Drucke dieser Auflage können, da unverändert,
nebeneinander benutzt werden.
1. Auflage
© 2010 Hueber Verlag GmbH & Co. KG, 85737 Ismaning, Deutschland
Umschlaggestaltung: creative partners gmbh, München
Redaktion: Jürgen Frank, Hueber Verlag, Ismaning
Layout: Kerstin Ramsteiner, Hueber Verlag, Ismaning
Satz: Sieveking · Agentur für Kommunikation, München
Druck und Bindung: Friedrich Pustet GmbH & Co. KG, Regensburg
Printed in Germany
ISBN 978-3-19-019534-3

Vorwort

Die **Kurzgrammatik Portugiesisch** richtet sich an Portugiesischlernende ab Niveaustufe A1, die ein bestimmtes Grammatikthema gezielt nachschlagen oder vertiefen möchten.

Die **Kurzgrammatik Portugiesisch** enthält alle wichtigen Themen und Strukturen der portugiesischen Grundgrammatik. Unterschiede zwischen dem europäischen [EP] und dem brasilianischen Portugiesisch (BP) werden systematisch dargestellt. Zu jedem Thema werden klar formulierte Erklärungen und übersichtliche Tabellen geboten. Die zahlreichen Beispielsätze mit deutscher Übersetzung machen die Anwendung der Regeln verständlich und helfen Ihnen, sich diese im Zusammenhang leichter einzuprägen.

Die **Kurzgrammatik Portugiesisch** ist jedoch nicht nur ein Nachschlagewerk. Tests, die am Ende des Buches abgedruckt sind, geben Ihnen die Möglichkeit, Ihr Wissen unter Beweis zu stellen. Und mit dem Lösungsschlüssel können Sie anschließend überprüfen, ob Sie es richtig gemacht haben.

Die **Kurzgrammatik Portugiesisch** nutzen Sie also optimal, wenn Sie sich die Erklärungen und Beispiele zu einem bestimmten Thema genau durchlesen, die Formen lernen, sich ihren Gebrauch einprägen und Ihr Wissen zum Schluss mit einem der Tests überprüfen. Am Anfang jedes Kapitels finden Sie eine Zusammenfassung der wichtigsten Rubriken des Kapitels in Form von Fragen.

Wenn Sie die **Kurzgrammatik Portugiesisch** in dieser Weise nutzen, werden Sie nicht nur grammatisch richtiges Portugiesisch schreiben und sprechen lernen, sondern auch Ihren Wortschatz erweitern, denn das Vokabular in den Beispielsätzen ist dem allgemeinen Sprachgebrauch entnommen und ins Deutsche übersetzt.

Und nun wünschen wir Ihnen viel Freude mit diesem Buch und *bom trabalho!* beim Portugiesischlernen.

Verfasser und Verlag

Inhaltsverzeichnis

1 Aussprache und Schreibung 7
Betonung und Akzent 7
Alphabet 9
Konsonanten 10
Vokale 13
Nasallaute 15
Bindung von Sprecheinheiten 17

2 Das Substantiv 19
Genus 19
Pluralbildung 23

3 Der Artikel 26
Der bestimmte Artikel 26
Der unbestimmte Artikel 30

4 Das Adjektiv 32
Funktionen 32
Genus und Numerus 32
Stellung 36
Steigerung 37

5 Das Adverb 42
Formen 42
Funktionen 43
Klassifizierung 44
Steigerung 48
Stellung 49

6 Verkleinerungs- und Vergrößerungsformen 51

7 Die Personalpronomen 53
Funktionen 53
Subjektpronomen 54
Anrede 55
Direkte und indirekte Objektpronomen 60
Objektpronomen nach Präpositionen 63
Stellung der unbetonten Objektpronomen 65
Reflexivpronomen 71

8 Die Possessiva 73
Formen 73
Gebrauch 74

9 Die Demonstrativa 78
Formen 78
Gebrauch 80

10 Die Indefinita 83
Die wichtigsten Indefinita im Überblick 83
Gebrauch und Besonderheiten der Indefinita 84

11 Die Interrogativa 89
Überblick über die Interrogativa 89
Gebrauch 90

12 Die Relativpronomen 94
Formen 94
Gebrauch der unveränderlichen Relativpronomen 95
Gebrauch der veränderlichen Relativpronomen 96
Relativsätze 98
Relativsätze im umgangssprachlichen Gebrauch 99

13 Das Verb 100
Einführung 100
Der Indikativ 113
Der Konditional 124
Der Konjunktiv (*subjuntivo* BP/*conjuntivo* EP) 127
Der Imperativ 136
Die Nominalformen des Verbs 138
Das Passiv 144

14 Die Präpositionen 147
Einfache Präpositionen und präpositionale Ausdrücke 147
Arten von Beziehungen 148
Gebrauch der häufigsten Präpositionen 149
Verben, Adjektive und Substantive mit Präpositionen 156

15 Die Konjunktionen 158
Koordinierende (beiordnende) Konjunktionen 158
Subordinierende (unterordnende) Konjunktionen 159
Indikativ oder Konjunktiv? 161

16 Der Satz 165
Einfache Sätze 165
Komplexe Sätze 173
Die indirekte Rede 174

17   Zahlen und Zeitangaben 178
Zahlen 178
Zeitangaben 184

Verbtabelle 1 – Regelmäßige Verben 188
Verbtabelle 2 – Verben mit geringfügigen Unregelmäßigkeiten 192
Verbtabelle 3 – Unregelmäßige Verben 195

Tests und Lösungen 198

Register 213

Aussprache und Schreibung 1

Die auffälligsten Unterschiede zwischen dem brasilianischen (BP) und dem europäischen (EP) Portugiesisch liegen in der Aussprache.

> 1 Wie werden die portugiesischen Wörter **betont** und welche **Akzente** gibt es?
> 2 Wie lautet das portugiesische **Alphabet**?
> 3 Wie werden die portugiesischen **Konsonanten** und **Vokale** ausgesprochen und welche **Nasallaute** gibt es?
> 4 Worauf ist bei der **Bindung von Sprecheinheiten** zu achten?

Betonung und Akzent

Im Portugiesischen werden die Wörter auf der **letzten**, **vorletzten** und **drittletzten** Silbe **betont**.

Es gibt zwei **Akzente**: Akut (´) und Zirkumflex (^). Die **Akzente** werden gesetzt, um Abweichungen von den Betonungsregeln anzugeben. Deshalb gilt die Regel: Die Silbe, die einen **Akzent** trägt, wird **betont**. Offene Vokale werden mit einem Akut (´), geschlossene mit einem Zirkumflex (^) markiert. Im BP und EP werden einige Vokale unterschiedlich geschlossen oder offen ausgesprochen und je nachdem mit dem Akut oder Zirkumflex markiert.

Es gibt einen weiteren Akzent, den Gravis (`), der aber nur bei der Verschmelzung der Präposition *a* mit dem Artikel und den Demonstrativpronomen vorkommt: *à(s), àquele(s), àquilo*. Im EP wird zwischen *à* offen [a] und *a* geschlossen [ɐ] unterschieden, während im BP in beiden Fällen [a] ausgesprochen wird.

Betonungsregeln
Die Wortendungen entscheiden, auf welcher Silbe die Betonung liegt, wobei das *s* (Pluralkennzeichnung) am Wortende keine Auswirkungen auf die Betonung hat.

▶ Die meisten Wörter sind auf der **vorletzten Silbe** betont. Sie tragen **keinen Akzent** und enden auf *-a(s), -o(s), -e(s)* und *-em(ns)* sowie die Verbendungen *-am* und *-em*. **Abweichungen** hiervon werden mit dem Akzent markiert.

rua, francesa, franceses, casacos, jovens, reconhecem, falam, trabalharam
Abweichungen: Canadá, café, árvore, francês, armazéns, também

▶ Es gibt auch Wörter, die auf der **letzten Silbe** betont sind und ebenfalls **keinen Akzent** tragen. Es handelt sich um Wörter mit den Endungen *-i(s), -u(s), -im(ns), -om(ns), -um(ns), -l, -r, -z, -au(s), -eu(s), -oi(s)*, außerdem die Verbendungen *-i, -ei, -ou, -eu, -iu*. **Abweichungen** hiervon werden mit dem Akzent markiert.

Parati, perus, assim, bombons, atum, racional, familiar, rapaz, bacalhau, europeus, depois, vendi, falei, comprou, vendeu, abriu
Abweichungen: táxi, lápis, bônus ᴮᴾ/bónus ᴱᴾ, repórter, agradável

Die offenen Diphthonge tragen einen Akzent. *-éi(s), éu(s)* und *-ói(s)*: anéis, céu, herói

▶ Einige Wörter sind auf der **drittletzten Silbe** betont. Sie erhalten immer **einen Akzent** auf der betonten Silbe.

diálogo, árvores, médico, câmaras, Antônio ᴮᴾ/António ᴱᴾ

Die Tilde (~) kennzeichnet einen nasalierten Vokal und markiert zugleich die betonte Silbe.

alemãs, amanhã, decoração, irmãos, relações, alemães
Abweichungen: órfã, órgão

Alphabet

	BP/EP	BP	EP		BP/EP	BP	EP
a	[a]			n		['ẽni]	['ɛnə]
b	[be]			o	[ɔ]	*auch* ['o]	
c	[se]			p	[pe]		
d	[de]			q	[ke]		
e	[ɛ]	[e]		r		['ɛhi] / ['ɛRi]	['ɛRə]
f		['ɛfi]	['ɛfə]	s		['ɛsi]	['ɛsə]
g	[ʒe]		*auch* [ge]	t	[te]		
h		[a'ga]	[ɐ'ga]	u	[u]		
i	[i]			v	[ve]		
j		['ʒɔta]	['ʒɔtɐ]	w	['dabliw]		
k	[ka]		['kapɐ]	x		[ʃis]	[ʃiʃ]
l		['ɛli]	['ɛlə]	y		['ipsilõ]	['ipsilɔn]
m		['ẽmi]	['ɛmə]	z	[ze]		

Die Buchstaben *k*, *w* und *y* kommen in Wörtern fremden Ursprungs (Franklin) und in Abkürzungen (km, kg) vor.

Konsonanten

Wenn die Aussprache nur für eine Variante gültig ist, ist sie entsprechend mit ⓑⓟ oder ⒺⓅ gekennzeichnet. Für die Transkription des „stummen" *e* wird [ə] anstatt [ɨ] verwendet.

	Position, Beschreibung	Laut	wie deutsch	Beispiel	ⓑⓟ	ⒺⓅ
c	vor **a, o, u** und vor ausgesprochenen Konsonanten	[k]	<u>K</u>ind	<u>c</u>asa té<u>c</u>nico	['kaza] ['tɛkniku]	['kazɐ] ['tɛkniku]
	vor **e, i** (kein ç)	[s]	Wa<u>ss</u>er	<u>c</u>inco	['sĩku]	['sĩku]
ç	vor **a, o, u**	[s]		ta<u>ç</u>a	['tasa]	['tasɐ]
qu	vor **e, i**	[k]	<u>K</u>ind	<u>qu</u>e	[ke]	[kə]
	vor **a, o**	[kw]		<u>qu</u>al	[kwaw]	[kwaɫ]
ch		[ʃ]	Ta<u>sch</u>e	<u>ch</u>á	[ʃa]	[ʃa]
d	vor **a, e, o, u**	[d]	<u>D</u>ieb	<u>d</u>edo	['dedu]	['dedu]
	vor **i**	[d] ⒺⓅ		<u>d</u>ia		['diə]
		[dʒ] ⓑⓟ	<u>J</u>eans	<u>d</u>ia	['dʒia]	
	vor unbetontem **e** am Wortende	[dʒ] ⓑⓟ		on<u>d</u>e	['õdʒi]	['õdə]
g	vor **a, o, u**	[g]	<u>g</u>ut	<u>g</u>ato	['gatu]	['gatu]
	vor **e, i**	[ʒ]	<u>G</u>enie	lon<u>g</u>e	['lõʒi]	['lõʒə]
gu	vor **e, i**	[g]	<u>g</u>ut	<u>gu</u>ia	['gia]	['giɐ]
	vor **a, o**	[gw]	Le<u>gu</u>an	á<u>gu</u>a	['agwa]	['agwɐ]
j	vor **a, e, i, o, u**	[ʒ]	<u>G</u>enie	<u>j</u>á	[ʒa]	[ʒa]
l	vor **a, e, i, o, u**	[l]	<u>L</u>and	<u>l</u>ago	['lagu]	['lagu]
	am Silben- und Wortende	[ɫ] ⒺⓅ	Kö<u>l</u>n im Kölner Dialekt	Brasi<u>l</u>		[bre'ziɫ]
		[w] ⓑⓟ	A<u>u</u>to		[bra'ziw]	
h	stumm	[ ]		<u>h</u>otel	[ɔ'tɛw]	[ɔ'tɛɫ]
lh		[ʎ]	Bri<u>ll</u>ant	a<u>lh</u>o	['aʎu]	['aʎu]
nh		[ɲ]	Ko<u>gn</u>ak	te<u>nh</u>o	['tẽɲu]	['tɐjɲu]
r	am Wortanfang, am Silbenanfang nach **l, n, s** sowie bei **-rr-**	[R] ⒺⓅ	<u>R</u>atte	<u>r</u>io gen<u>r</u>o ca<u>rr</u>o		['Riw] ['ʒeRu] ['kaRu]

Position, Beschreibung	Laut	wie deutsch	Beispiel	BP	EP
	[h] BP / [R]	haben / Ratte	rio genro carro	['hiw] ['ʒẽhu] ['kahu]	
am Silben- und Wortende	[R] / [h] BP	Ratte / haben	carne amar	['kaRni] [a'maR]	
	[r] EP	gerolltes r, wie bayr. r	carne amar		['karnə] [e'mar]
zwischen Vokalen und in Konsonantengruppen	[r]	gerolltes r, wie bayr. r	caro triste	['karu] ['tristʃi]	['karu] ['triʃtə]
s zwischen zwei Vokalen	[z]	Rose	asa	['aza]	['azɐ]
am Wort- und Silbenanfang nach l, n, r sowie bei -ss-	[s]	Wasser	sol penso posso	[sɔw] ['pẽsu] ['pɔsu]	[sɔɫ] ['pẽsu] ['pɔsu]
f vor f, k, p, t am Silben- und Wortende	[s] BP		listas as casas	['listas] [as'kazas]	
	[ʃ] EP	Tasche	listas as casas		['liʃtɐʃ] [ɐʃ'kazɐʃ]
vor b, d, g, m, n, v am Silben- und Wortende	[z] BP	Rose	desde as malas	['dezdʒi] [az'malas]	
	[ʒ] EP	Genie	desde as malas		['deʒdə] [ɐʒ'malɐʃ]
t vor a, e, o, u	[t]	Ute	tudo	['tudu]	['tudu]
vor i	[t] EP		tia		['tiɐ]
	[tʃ] BP	tschüs		['tʃia]	
vor unbetontem e am Wortende	[tʃ] BP		vinte	['vĩtʃi]	['vĩtə]
v	[v]	Witz	vivo	['vivu]	['vivu]
x	[s]	Wasser	trouxe	['trousi] / ['trosi]	['trosə]
	[s] BP		texto	['testu]	
	[ʃ] EP	Tasche			['tejʃtu]
	[ʃ] EP		excesso		[ejʃ'sɛsu]
	[ ] BP	stumm		[e'sɛsu]	

Position, Beschreibung	Laut	wie deutsch	Beispiel	BP	EP
	[ʃ]	Ta<u>sch</u>e	taxa	['taʃa]	['taʃɐ]
	[ks]	Ta<u>x</u>i	táxi	['taksi]	['taksi]
	[z]	Ro<u>s</u>e	exame	[e'zãmi]	[i'zemə]
z am Wortanfang und zwischen Vokalen	[z]	Ro<u>s</u>e	zero trazer	['zɛru] [tra'zeʀ]	['zɛru] [tre'zeʀ]
am Wortende	[s] BP	Wa<u>ss</u>er	vez	[ves]	
	[ʃ] EP	Ta<u>sch</u>e			[veʃ]

Anmerkungen zum BP:

▶ In den folgenden Fällen wird ein [i] eingeschoben:
  1. beim Zusammentreffen zweier Konsonanten außer *l, m, n, r, s*;
  2. bei Wörtern und Abkürzungen, die auf Konsonanten enden.

1. a<u>dv</u>ogado, o<u>bj</u>eto, o<u>pç</u>ão	[adivo'gadu], [obi'ʒɛtu], [opi'sãw]
2. so<u>b</u>, US<u>P</u> (Universidade de São Paulo)	['sobi], ['uspi]

▶ Bei Wörtern, die auf einen betonten Vokal + [s] (geschrieben: *s* oder *z*) enden, wird oft vor dem [s] ein [j] eingeschoben.

trê<u>s</u>, de<u>z</u>, arro<u>z</u>	[trejs] [dɛjs] [a'hojs]

▶ Beim Infinitiv wird das auslautende *r* oft nicht gesprochen.

ama<u>r</u>, bebe<u>r</u>, dividi<u>r</u>	[a'ma], [be'be], [dʒivi'dʒi]

Beim BP wurde hauptsächlich die Aussprache des Südostens Brasiliens berücksichtigt. Zu bemerken ist, dass in einigen Regionen wie Rio de Janeiro und Santa Catarina das *s* am Silben- und Wortende *(a<u>s</u> casas, de<u>s</u>de, a<u>s</u> malas)* wie im EP [ʃ] bzw. [ʒ] ausgesprochen wird.

Vokale

Vorbemerkungen:
1. Aus Platzgründen steht „betont" für „betonte Silbe" und „unbetont" für „unbetonte Silbe".
2. Unbetonte Vokale werden im EP sehr schwach und oft kaum hörbar ausgesprochen. Das ist ein großer Unterschied zum BP, wo alle Vokale deutlich ausgesprochen werden.

Einfache Vokale

	Position, Beschreibung	Laut	wie deutsch	Beispiel	BP	EP
a	betont: offen	[a]	s<u>a</u>h	pá	[pa]	[pa]
	unbetont: geschlossen	[ɐ] EP	Är<u>a</u>	fala	[ˈfala]	[ˈfalɐ]
	betont, vor **m, n, nh**: geschlossen	[ɐ] EP		cama		[ˈkɐma]
	betont, vor **m, n, nh**: nasaliert	[ã] BP			[ˈkãma]	
e	betont: offen	[ɛ]	P<u>e</u>lle	bela	[ˈbɛla]	[ˈbɛlɐ]
	betont: geschlossen	[e]	S<u>ee</u>	medo	[ˈmedu]	[ˈmedu]
	unbetont am Wortende	[i] BP	J<u>o</u>gi	nome	[ˈnõmi]	
	unbetont in der Wortmitte	[e] BP		pedal	[peˈdaw]	
	unbetont in der Wortmitte und am Wortende (stumm oder kaum hörbar)	[ə] EP				[ˈnomə] [pəˈdaɫ]
	am Wortanfang	[e] / [i] BP	S<u>ee</u> / J<u>o</u>gi	exame	[eˈzãmi] [iˈzãmi]	
		[i] EP	J<u>o</u>gi			[iˈzemə]
	am Wortanfang unbetont (kaum hörbar)	[ə] EP		espera		[əʃˈpɛrɐ]
	Konjunktion *e*	[i]		e	[i]	[i]
i	in allen Positionen	[i]	wie das deutsche **i**	vida	[ˈvida]	[ˈvidɐ]
o	betont: offen	[ɔ]	<u>o</u>ft	pó	[pɔ]	[pɔ]

Position, Beschreibung	Laut	wie deutsch	Beispiel	ⓑⓟ	ⒺⓅ
betont: geschlossen	[o]	Ofen	povo	['povu]	['povu]
unbetont am Wortende	[u]	Ute	sapo	['sapu]	['sapu]
unbetont am Wortanfang: geschlossen	[o]	Ofen	operar	[opɛ'rar]	[opə'ɾar]
unbetont am Wortanfang: offen	[ɔ] ⒺⓅ	oft			[ɔpə'ɾar]
unbetont in der Wortmitte	[u] ⒺⓅ		gostar pérola		[guʃ'tar] ['pɛrulɐ]
	[o] / [u] ⓑⓟ			[gos'taʁ] ['pɛrola] / ['pɛrula]	
u in allen Positionen	[u]	wie das deutsche u	uva	['uva]	['uvɐ]

Diphthonge

	Beschreibung	Laut	Beispiel	ⓑⓟ	ⒺⓅ
ai		[aj]	sai	[saj]	[saj]
au	betont: offen	[aw] wie deutsch Auto	mau	[maw]	[maw]
	unbetont: geschlossen	[ɐw] ⒺⓅ	saudade	[saw'dadʒi]	[sɐw'dadə]
al		[aw] ⓑⓟ	sinal	[si'naw]	[si'naɫ]
éi	offen	[ɛj]	hotéis	[ɔ'tɛjs]	[ɔ'tɛjʃ]
ei	geschlossen	[ej] ⒺⓅ	peixe		['pejʃə]
		[ej] / [e] ⓑⓟ		['pejʃi] / ['peʃi]	
éu	offen	[ɛw]	céu	[sɛw]	[sɛw]
eu	geschlossen	[ew]	meu	[mew]	[mew]
iu		[iw]	viu	[viw]	[viw]
ói	offen	[ɔj]	lençóis	[lẽ'sɔjs]	[lẽ'sɔjʃ]
oi	geschlossen	[oj]	coisa	['kojza]	['kojzɐ]
ou		[o] ⒺⓅ	outro		['otru]
		[ow] / [o] ⓑⓟ		['owtru] / ['otru]	
ui		[uj]	cuidado	[kuj'dadu]	[kuj'dadu]

▶ Im ⓑⓟ wird, wie in der Tabelle ersichtlich, das *l* am Silben- und Wortende [w] ausgesprochen. Weitere Beispiele:

| sinal, anel, senil, sol, sul | [si'naw], [a'nɛw], [se'niw], [sɔw], [suw] |

▶ Im ⓔⓟ wird das *e* in *ex* wie [ej] ausgesprochen.

| sexta, expor | ['sejʃte], [ejʃ'por] |

Nasallaute

Nasalvokale

Diese werden am **Wortende** durch die Tilde ~ auf den Vokalen *a* sowie durch *m* nach *i*, *o* und *u* notiert. Beachten Sie, dass das *m* am Wortende nur ein Signal für einen Nasalvokal ist. Der Luftstrom entweicht durch die Nase und – anders als im Deutschen – bleiben die Lippen leicht geöffnet. (-*em* am Wortende → Nasaldiphthonge, Seite 16)

	ⓑⓟ	ⓔⓟ
irmã, assim, com, comum	[ir'mã], [a'sĩ], [kõ], [ko'mũ]	[ir'mẽ], [e'sĩ], [kõ], [ku'mũ]

▶ Im **Wortinnern** werden die Vokale in den Silben, die auf *m* oder *n* enden, nasaliert, wobei *m* nur vor *b* und *p* vorkommt.

	ⓑⓟ	ⓔⓟ
banco	['bãku]	['bẽku]
tempo	['tẽpu]	['tẽpu]
tinta	[tʃ'ĩta]	['tĩte]
pombo	['põbu]	['põbu]
mundo	['mũdu]	['mũdu]

▶ Im ⓑⓟ werden die Vokale der betonten Silbe vor *m* und *n* (meistens) und *nh* (immer) nasaliert. Im ⒠Ⓟ dagegen wird nicht nasaliert.

	ⓑⓟ	⒠Ⓟ
ca**m**a, a**n**o, ba**nh**o	['kɐ̃ma], ['ɐ̃nu], ['bɐ̃ɲu]	['kɐmɐ], ['ɐnu] ['bɐɲu]
peque**n**o, te**nh**o	[pe'kẽnu], ['tẽɲu]	[pə'kenu], ['tɐjɲu]
me**n**i**n**o, **n**i**nh**o	[me'nĩnu], ['nĩɲu]	[mə'ninu], ['niɲu]
no**m**e, de**m**ô**n**io ⓑⓟ / de**m**ó**n**io ⒠Ⓟ	['nõmi], [de'mõnju]	['nomə], [də'mɔnju]
ru**m**o, pu**nh**o	['ʀũmu], ['pũɲu]	['ʀumu], ['puɲu]

Nasaldiphthonge

	Laut	Beispiel	ⓑⓟ	⒠Ⓟ
-ão/ -am	[ɐ̃w̃] ⓑⓟ	mão falam	[mɐ̃w̃] ['falɐ̃w̃]	
	[ẽw̃] ⒠Ⓟ			[mẽw̃] ['falẽw̃]
-ãe	[ɐ̃j̃] ⓑⓟ	mãe	[mɐ̃j̃]	
	[ẽj̃] ⒠Ⓟ			[mẽj̃]
-em/ -en(s)/ -ém/ -én(s)	[ẽj̃] ⓑⓟ	comem também reféns	['komẽj̃] [tã'bẽj̃] [ʀe'fɛ̃j̃s]	
	[ẽj̃] ⒠Ⓟ			['kɔmẽj̃] [tẽ'bẽj̃] [ʀə'fɛ̃j̃ʃ]
-õe	[õj̃]	nações	[na'sõj̃s]	[nɐ'sõj̃ʃ]
	[ũj̃]	muito (= *einziges Wort*)	['mũj̃tu]	['mũj̃tu]

Bindung von Sprecheinheiten

Im Redefluss werden die Wörter zu Sprecheinheiten miteinander verbunden. Dadurch entstehen Änderungen in der Aussprache. Hier einige Beispiele:

▶ Beide Vokale sind unbetont und gleich: Nur ein Vokal wird ausgesprochen.

	BP	EP
muito obrigado da amiga: [dɐ ɐmigɐ] EP	['mũj̃tobri'gadu] [da'miga]	['mũj̃tobri'gadu] [da'migɐ]

▶ Beide Vokale sind gleich, aber der zweite ist betont.

	BP	EP
muito homem	['mũj̃tu'õmẽj̃]	['mũj̃twɔmẽj̃]

▶ Zwei Vokale: der erste Vokal ist unbetont und endet auf [i] BP/[ɐ] EP oder [u] (geschrieben: *e* und *o*).

	BP	EP
deve amar	['dɛvja'mar]	['dɛvɐ'mar]
treze amigos	['trezja'migus]	['trezjɐ'miguʃ]
vinte horas	['vĩtʃi'ɔras]	['vĩt'jɔreʃ]
disse-o/disse-a	['dʒisju]/['dʒisja]	['disju]/['disjɐ]
disse assim	['dʒisa'sĩ]	['disɐ'sĩ]
disse isso	['dʒisi'isu]	['di'sisu]
compre uma	['kõpri'ũma]	['kõ'prumɐ]
moço elegante	['moswele'gãtʃi]	['mosilɐ'gẽtɐ]

▶ Zwei Konsonanten: erstes Wort endet auf [s] BP/[ʃ] EP (geschrieben: *s*).

	BP	EP
vamos jantar	['vamuʒã'tar]	['vamuʒẽ'tar]
três amigos	['trejza'migus]	['trezɐ'miguʃ]

▶ Silbentilgung beim Zusammentreffen von *de* auf *de*, *po* auf *pe*.

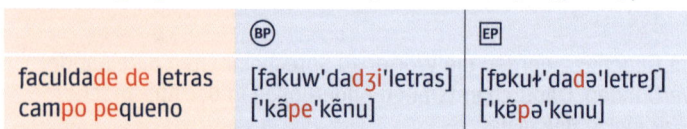

	ⓑⓟ	ⓔⓟ
faculdade de letras	[fakuw'dadʒi'letras]	[fɐkuɫ'dadə'letrɐʃ]
campo pequeno	['kãpe'kẽnu]	['kẽpə'kenu]

▶ Auslassung von unbetonten Vokalen bzw. Silben

im Wortinnern:

nur ⓔⓟ   telefone   [tl'fɔnə]

am Wortanfang:

	ainda	['ĩda] ⓑⓟ ['ĩdɐ] ⓔⓟ	está, estou	[ta], [to]
nur ⓑⓟ	você, vocês	[se], [ses]		

Das Substantiv 2

Substantive (auch „Hauptwörter" oder „Nomen" genannt) bezeichnen Lebewesen, Gegenstände und Begriffe. Substantive können mit Adjektiven, einigen Pronomina, Artikeln und Zahlwörtern eine Substantivgruppe bilden, wobei das Substantiv der Kern der Gruppe ist. Die oben genannten Elemente richten sich in Genus (Geschlecht) und Numerus (Zahl) nach dem Substantiv.

> 1 Woran erkennt man das **Genus** der portugiesischen Substantive?
> 2 Wie wird der **Plural** der portugiesischen Substantive gebildet?

Genus

Genus von Substantiven grammatischen Geschlechts

Portugiesische Substantive sind entweder maskulin oder feminin, ein Neutrum gibt es nicht. In der Regel muss das Geschlecht für jedes Substantiv individuell gelernt werden, aber man kann es häufig an der Endung erkennen.

▶ Substantive mit folgenden Endungen sind in der Regel **maskulin:**

-o	o carro, o processo *aber:* a foto, a tribo	das Auto, der Prozess das Foto, der Volkstamm
-ão	*Konkreta:* o avião, o coração *aber:* a mão	das Flugzeug, das Herz die Hand
-á	o chá, o sofá *aber:* a pá	der Tee, das Sofa die Schaufel
-ate -ete -ote	o debate, o tomate o rabanete, o frete o pacote, o mote	die Debatte, die Tomate das Radieschen, die Fracht das Paket, das Motto
-ume	o costume, o legume	der Brauch, das Gemüse
-i	o abacaxi, o júri	die Ananas, die Jury

-u	o bambu, o peru	der Bambus, der Truthahn
-au	o bacalhau, o pau *aber:* a nau	der Stockfisch, der Stock das Schiff
-eu	o museu, o pneu	das Museum, der Reifen
-éu	o céu, o troféu	der Himmel, die Trophäe
-l	o animal, o barril, o sol *aber:* a cal, a catedral	das Tier, das Fass, die Sonne der Kalk, die Kathedrale
-ém	o armazém, o refém	das Lagerhaus, die Geisel
-im	o amendoim, o jardim	die Erdnuss, der Garten
-om	o dom, o som	die Gabe, der Klang
-um	o atum, o jejum	der Thunfisch, das Fasten
-ar	o lugar, o mar, o azar	der Ort, das Meer, das Pech
-er	o talher, o prazer *aber:* a colher, a mulher	das Besteck, das Vergnügen der Löffel, die Frau
-ir	o faquir, o elixir	der Fakir, das Elixier
-or	o favor, o gravador *aber:* a cor, a dor	der Gefallen, der Rekorder die Farbe, der Schmerz

▶ Ferner sind in der Regel **maskulin**:

Sprachen	o português, o inglês	Französisch, Englisch
Himmelsrichtungen	o leste, o oeste	der Osten, der Westen
Buchstaben	o a, o b	das A, das B
substantivierte Wortarten	o jantar, o azul, o bem, o três	das Abendessen, das Blau, das Gute, die Drei

▶ Substantive mit folgenden Endungen sind in der Regel **feminin**:

-a	a casa, a lua *aber:* o dia, o mapa, o clima *ferner viele Wörter griechischen Ursprungs auf -ma:* o problema, o tema	das Haus, der Mond der Tag, die Landkarte, das Klima das Problem, das Thema

-ão	*Abstrakta (Begriffswörter):* a divisão, a produção	die Teilung, die Produktion
	aber: o perdão	die Vergebung
-ade	a intensidade, a grade	die Intensität, das Gitter
	aber: o abade, o jade	der Abt, der Jade
-ice	a meiguice, a velhice	die Zärtlichkeit, das Alter
	aber: o índice, o cálice	das Verzeichnis, der Kelch
-ez	*Abstrakta:* a rapidez, a surdez	die Schnelligkeit, die Taubheit
-gem	a viagem, a origem	die Reise, der Ursprung

▶ Das Geschlecht von **Eigennamen** richtet sich in der Regel nach dem Geschlecht des Gattungsnamens, der mitgedacht ist:

o Amazonas	(o rio)	(der Fluss)
a Mercedes	(a firma)	(die Firma)
a Lisboa moderna	(a cidade)	(die Stadt)
o Rio de Janeiro	(o rio)	(der Fluss)

Genus von Substantiven natürlichen Geschlechts

Das Genus von Substantiven, die Personen, Berufe und Tiere bezeichnen, richtet sich nach dem natürlichen Geschlecht.

Bildung der femininen Form

▶ Die feminine Form wird in der Regel von der maskulinen durch bestimmte Endungen abgeleitet:

Endung auf	Femininum		
-o	-o → -a	moço – moça gato – gata	Junge – Mädchen Kater – Katze
-or -ês -l -z	} + -a	professor – professora freguês – freguesa espanhol – espanhola juiz – juíza	Lehrer – Lehrerin Kunde – Kundin Spanier – Spanierin Richter – Richterin
-e	-e → -a	monge – monja	Mönch – Nonne
-ão	-ão } → -ã / -oa / -ona	anão – anã leão – leoa mandrião – mandriona	Zwerg – Zwergin Löwe – Löwin Faulpelz

Bei einigen Substantiven auf *-or* wird die feminine Form mit der Endung *-triz* gebildet:

| o at**or** – a a**triz** | der Schauspieler – die Schauspielerin |
| o imperad**or** – a imperatriz | der Kaiser – die Kaiserin |

Bei der Bildung der femininen Form gibt es oft Abweichungen bei der **Akzentsetzung**. So entfällt z. B. der Akzent (Zirkumflex) der Endung *-ês*. Grund dafür sind die Betonungsregeln. Für diese und alle weiteren Abweichungen → Aussprache und Schreibung, Seite 8.

▶ Weitere feminine Endungen sind:

-essa:	o conde – a condessa	der Graf – die Gräfin
-esa:	o príncipe – a princesa	der Prinz – die Prinzessin
-isa:	o poeta – a poetisa	der Dichter – die Dichterin
-ina:	o herói – a heroína	der Held – die Heldin

▶ Besondere Formen:

o avô – a avó	der Großvater – die Großmutter
o rapaz – a rapariga [EP]	der Junge – das Mädchen
o homem – a mulher	der Mann – die Frau
o pai – a mãe	der Vater – die Mutter
o boi – a vaca	der Ochse – die Kuh

▶ Einige Substantive haben nur eine Form für beide Geschlechter. Das Geschlecht wird erkennbar durch ein Begleitwort, z. B. den Artikel:

-nte:	o/a amante	der Geliebte – die Geliebte
-ista:	o/a pianista	der Pianist – die Pianistin
-a:	o/a colega	der Kollege – die Kollegin
-e:	o/a intérprete	der Dolmetscher – die Dolmetscherin

▶ Einige Substantive haben nur ein Genus für beide Geschlechter:

| a criança | das Kind | a vítima | das Opfer | o ídolo | das Idol |

▶ Einige Substantive ändern die Bedeutung, je nachdem, ob sie maskulin oder feminin sind. Einige haben den gleichen Stamm

und verschiedene Endungen für maskulin oder feminin.
Bei anderen ändert sich nur der Artikel.

| o modo – a moda | die Art – die Mode |
| o capital – a capital | das Kapital – die Hauptstadt |

Pluralbildung

▶ Das Kennzeichen für den Plural ist stets das -s. Es lassen sich folgende Fälle unterscheiden:

Endung auf	Plural		
Vokal Diphthong	+ -s	porta – portas irmã – irmãs céu – céus	Tür – Türen Schwester – Schwestern Himmel – Himmel
-ão	-ão → -ões / -ães / -ãos	nação – nações cão – cães mão – mãos	Nation – Nationen Hund – Hunde Hand – Hände
-r -z -s *(betont oder einsilbig)*	+ -es	cantor – cantores noz – nozes inglês – ingleses deus – deuses	Sänger – Sänger Nuss – Nüsse Engländer – Engländer Gott – Götter
-s *(unbetont)*	unverändert	lápis - lápis	Bleistift – Bleistifte
-l	-l → -is	jornal – jornais papel – papéis nível – níveis *aber:* cônsul – cônsules mal – males	Zeitung – Zeitungen Papier – Papiere Niveau – Niveaus Konsul – Konsuln Übel – Übel
-il *(betont)*	-il → -is	fusil – fusis	Gewehr – Gewehre
-il *(unbetont)*	-il → -eis	réptil – répteis	Reptil – Reptilien
-m	-m → -ns	viagem – viagens	Reise – Reisen

Bei Wörtern, die auf *-ão* enden, ist die Pluralbildung mit *-ões* die häufigste Endung.

Auch Fremdwörter bilden meistens die Pluralform mit *-s*.
o e-mail – os e-mails die E-Mail – die E-Mails

▶ Einige maskuline Substantive auf -o, die im Singular auf der vorletzten Silbe ein betontes, geschlossenes -o haben, öffnen dieses im Plural.

o j[o]go – os j[ɔ]gos	das Spiel – die Spiele
o [o]vo – os [ɔ]vos	das Ei – die Eier

Dieser Öffnungsregel folgen u. a. *o corpo* (Körper), *esforço* (Mühe), *fogo* (Feuer), *forno* (Ofen), *imposto* (Steuer), *olho* (Auge), *osso* (Knochen), *porco* (Schwein), *porto* (Hafen), *posto* (Stelle), *povo* (Volk).

Einige Substantive öffnen das *-o* nicht, wie z. B. *bolo* (Kuchen), *gosto* (Geschmack), *molho* (Sauce), *rosto* (Gesicht).

▶ Manche Substantive werden nur im Plural verwendet.

os óculos	die Brille(n)

Im ⓑⓟ ist oft die Singularform gebräuchlicher: a calça/as calças ⓔⓟ (die Hose).

▶ Bei Verwandtschaftsbezeichnungen geben die maskulinen Pluralformen sowohl eine Mehrzahl von männlichen Lebewesen als auch eine Mehrzahl von männlichen und weiblichen Lebewesen an.

os irmãos	die Brüder – die Geschwister
os pais	die Väter – die Eltern

▶ Einige Substantive (Kollektiva) bezeichnen eine Mehrzahl von gleichartigen Lebewesen oder Gegenständen.

a multidão (de pessoas)	die (Menschen-) Menge
a coleção (de selos)	die (Briefmarken-) Sammlung

Plural der zusammengesetzten Substantive

Die Pluralbildung ist abhängig von den Bestandteilen der Zusammensetzung.

	beide Teile im Plural	
Substantiv + Substantiv	couve-flor – couves-flores	Blumenkohl
Substantiv + Adjektiv	erva-doce – ervas-doces	Fenchel
Adjektiv + Substantiv	segunda-feira – segundas-feiras	Montag
	nur der 1. Teil im Plural	
Substantiv + *de* + Substantiv	dente-de-leão – dentes-de-leão	Löwenzahn
Substantiv + Substantiv (das 2. Substantiv charakterisiert das erste)	bomba-relógio – bombas-relógio	Bombe mit Zeitzünder
	nur der 2. Teil im Plural	
Verb + Substantiv im Singular	porta-voz – porta-vozes	Sprecher
	saca-rolha ᴮᴾ – saca-rolhas	Korkenzieher
unflektiertes Wort + Substantiv	vice-presidente – vice-presidentes	Vizepräsident
gleichlautende Verbformen	pisca-pisca – pisca-piscas	Blinker
	beide Teile unveränderlich	
Verb + Adverb	bota-fora ᴮᴾ – bota-fora	Abschiedsfeier
	fala-barato ᴱᴾ – fala-barato	Schwätzer
Verb + Substantiv im Plural	saca-rolhas ᴱᴾ – saca-rolhas	Korkenzieher

Achten Sie auf den Unterschied im Singular:
ᴮᴾ *o saca-rolha* (Das zweite Wort wird bevorzugt im Singular verwendet.)
ᴱᴾ *o saca-rolhas* (Das zweite Wort wird immer im Plural verwendet.)

Der Artikel

Der Artikel (auch „Geschlechtswort" genannt) steht vor einem Substantiv (bzw. vor einer Substantivgruppe) und bezeichnet dessen Genus und Numerus. Man unterscheidet wie im Deutschen zwischen **bestimmtem** und **unbestimmtem** Artikel.

> 1 Wie lauten die **Formen** der **bestimmten** Artikel und wie werden sie gebraucht?
> 2 Wie lauten die **Formen** der **unbestimmten** Artikel und wie werden sie gebraucht?

Der bestimmte Artikel

Formen

	Singular		Plural	
maskulin	o mês	der Monat	os meses	die Monate
feminin	a faca	das Messer	as facas	die Messer

Der bestimmte Artikel verschmilzt mit den folgenden Präpositionen:

	a	de	em	por
o(s), a(s)	ao(s), à(s)	do(s), da(s)	no(s), na(s)	pelo(s), pela(s)

> In der gesprochenen Sprache kann der Artikel auch mit der Präposition *para* verschmelzen: *pro(s), pra(s)*.
> Ele vai pro Rio.   Er geht nach Rio.

Gebrauch

Gattungsnamen

▶ Im Gegensatz zum Deutschen steht der bestimmte Artikel vor Gattungsnamen.

O álcool prejudica a saúde.	Alkohol schadet der Gesundheit.
As baleias são mamíferos.	Wale sind Säugetiere.

Wird der Gattungsname nicht als Subjekt, sondern als Objekt verwendet, entfällt der Artikel.

Não vendemos álcool a menores.	Wir verkaufen keinen Alkohol an Minderjährige.
Ele gosta de futebol.	Er mag Fußball.
Compro tomate(s)?	Soll ich Tomaten kaufen?

Hinweis auf Bekanntes
▶ Wie im Deutschen weist der bestimmte Artikel auf etwas Bekanntes oder bereits Erwähntes hin.

Fecho a janela?	Soll ich **das** Fenster schließen?
Vou pôr o carro na oficina.	Ich bringe **das** Auto in die Werkstatt.
Tenho uma casa na praia. A casa é pequena, mas muito bonita.	Ich habe ein Strandhaus. **Das** Haus ist klein, aber sehr schön.

Eigennamen
▶ Besonders im EP kann der bestimmte Artikel – anders als im Deutschen – vor Eigennamen stehen, wenn die Person, über die gesprochen wird, mit dem Sprecher verwandt, befreundet oder ihm bekannt ist.

Encontrei o Eduardo na rua.	Ich traf Eduardo auf der Straße.
O Fonseca vai sair da empresa.	Fonseca wird unsere Firma verlassen.

▶ Namen von bekannten Persönlichkeiten werden in einem informellen Kontext mit Artikel, in einem formellen ohne Artikel gebraucht.

O Gilberto Gil vem a Lisboa.	Gilberto Gil kommt nach Lissabon.
Gilberto Gil atuará no CCB na próxima sexta-feira.	Gilberto Gil wird am kommenden Freitag im CCB auftreten.

Der Artikel

▶ In der indirekten Anrede und vor Titeln wird der Artikel gebraucht. In direkter Anrede dagegen nicht.

O Dr. Sá vai sair?	Gehen Sie, Herr Dr. Sá? (*wörtlich:* Der Herr Dr. Sá geht?)
Rui, você vai de carro?	Rui, fährst du^{BP}/fahren Sie^{EP} mit dem Auto?

(→ Die Personalpronomen, Seite 56)

Geographische Bezeichnungen

▶ Anders als im Deutschen steht vor den meisten Ländernamen und Kontinenten der bestimmte Artikel.

a Alemanha, o Brasil, os Estados Unidos, a Ásia, a Europa	Deutschland, Brasilien, die Vereinigten Staaten, Asien, Europa

▶ Einige Ausnahmen bei Ländernamen sind:

Portugal, Cabo Verde, Angola, Moçambique, São Tomé e Príncipe, Timor, Marrocos, Cuba	Portugal, die Kapverden, Angola, Mosambik, São Tomé und Príncipe, Timor, Marokko, Kuba

Einige Ländernamen (z.B. *Espanha, Inglaterra, Itália*) können im EP ohne Artikel verwendet werden, wenn sie von einer Präposition begleitet werden.
Ele nunca esteve em/na Itália.   Er ist noch nie in Italien gewesen.

▶ Die meisten Städtenamen werden ohne Artikel verwendet.

Lisboa é uma cidade europeia.	Lissabon ist eine europäische Stadt.
Munique é a cidade da cerveja.	München ist die Stadt des Bieres.

▶ Ausnahmen sind einige Städte, deren Bezeichnung von Gattungsnamen abgeleitet ist, z. B. die Städte Porto und Rio de Janeiro, deren Namen von *porto* (Hafen) bzw. *rio* (Fluss) stammen.

O Rio tem praias maravilhosas.	Rio hat wunderschöne Strände.

▶ Die Namen von Flüssen, Gebirgen, Regionen, Ozeanen usw. werden – wie im Deutschen – meistens mit Artikel gebraucht.

O Douro desagua no Atlântico.	**Der** Douro mündet **in den** Atlantik.

Aktivitäten und Fertigkeiten

▶ Bei Sprachen, Sportarten, Musikinstrumenten, Namen von akademischen Fächern in Verbindung mit Verben wie *falar*, *ensinar*, *jogar*, *tocar* oder *aprender* wird – wie im Deutschen – kein Artikel verwendet.

Ele fala português.	Er spricht Portugiesisch.
Ela estuda biologia.	Sie studiert Biologie.
Eles jogam futebol.	Sie spielen Fußball.
Ele toca saxofone.	Er spielt Saxofon.

▶ Ist aber der eigentliche Gegenstand oder Begriff gemeint, wird ein Artikel gebraucht.

Ele pôs o saxofone em cima da cama.	Er legte **das** Saxofon auf das Bett.
O russo é uma língua difícil.	Russisch ist eine schwere Sprache.
O futebol é um desporto popular.	Fußball ist ein Volkssport.

Artikel vor Possessivpronomen → Die Possessiva, Seite 74;
Artikel beim Datum → Zahlen und Zeitangaben, Seite 185 f.

Der unbestimmte Artikel

Formen

	Singular		Plural	
maskulin	um carro	ein Auto	uns carros	Autos
feminin	uma mesa	ein Tisch	umas mesas	Tische

▶ Der unbestimmte Artikel kann mit den Präpositionen *em* und *de* verschmelzen.

	em	de
um (uns), uma(s)	num (nuns), numa(s)	dum (duns), duma(s)

Moro numa/em uma⁽ᴮᴾ⁾ grande casa.	Ich wohne in einem großen Haus.
Falou-nos dum/de um acidente.	Er erzählte uns von einem Unfall.

Gebrauch

▶ Wie im Deutschen weist der unbestimmte Artikel auf etwas Unspezifisches oder noch nicht Bekanntes hin, das erstmalig erwähnt wird.

Desculpe, podia dizer-me se há uma farmácia aqui perto?	Entschuldigung, könnten Sie mir sagen, ob es hier in der Nähe **eine** Apotheke gibt?
Aluguei uma casa na praia.	Ich habe **ein** Strandhaus gemietet.

▶ Der unbestimmte Artikel steht auch vor Gattungsnamen – ähnlich wie der bestimmte Artikel.

Uma pousada da juventude é um hotel para jovens.	**Eine** Jugendherberge ist **ein** Hotel für junge Leute.
Um homem não chora.	**Ein** Mann weint nicht.

▶ In seiner quantifizierenden Funktion hat der unbestimmte Artikel auch eine Pluralform, die im Deutschen mit dem Indefinitpronomen „einige" wiedergegeben werden kann. In diesem Fall kann der Artikel auch weggelassen werden.

Comprei uma camisa.	Ich habe **ein** Hemd gekauft.
Comprei umas camisas.	Ich habe **einige** Hemden gekauft.
Comprei camisas.	

▶ Vor Zahlwörtern bedeutet die Pluralform des unbestimmten Artikels „etwa", „ungefähr".

Partiu há umas três semanas.	Er ging vor **etwa** drei Wochen weg.

▶ Bei Mengenangaben mit *meio* wird im Gegensatz zum Deutschen der unbestimmte Artikel nicht verwendet.

Queria meio quilo de tomate.	Ich möchte **ein** halbes Kilo Tomaten.

Das Adjektiv

Adjektive (auch „Eigenschaftswörter" genannt) beschreiben die Eigenschaften von Lebewesen, Gegenständen und Begriffen.

1 Welche **Funktionen** haben Adjektive in der Substantivgruppe?
2 Wie verändern sich Adjektive in **Genus** und **Numerus**?
3 Welche **Stellung** nehmen Adjektive in der Substantivgruppe ein?
4 Wie werden Adjektive **gesteigert**?

Funktionen

Adjektive begleiten Substantive oder Verben. Sie können folgende Funktionen haben:

attributiv	um monumento antigo/ um velho amigo	ein **altes** Baudenkmal/ ein **alter** Freund
prädikativ	O menino está magro.	Der Junge ist **dünn**.
adverbial	Ele escreve rápido.	Er schreibt **schnell**.

Genus und Numerus

Angleichung des Adjektivs

▶ Die Adjektive richten sich in Genus und Numerus nach dem Substantiv, das sie begleiten, im Gegensatz zum Deutschen auch in prädikativer Verwendung.

o homem alto – a mulher alta	der **große** Mann – die **große** Frau
os homens altos – as mulheres altas	**große** Männer – **große** Frauen
A camisa é branca.	Das Hemd ist **weiß**.
Os quartos estão limpos.	Die Zimmer sind **sauber**.

▶ Adjektive in adverbialer Funktion sind unveränderlich.

O professor fala rápido.	Der Lehrer spricht **schnell**.
As professoras falam rápido.	Die Lehrerinnen sprechen **schnell**.

Bildung der Femininform

▶ Die Bildung der Femininform folgt den gleichen Regeln wie beim Substantiv. Das Kennzeichen für das Femininum ist im Allgemeinen das *-a*.

Endung	Feminin		
-o	-o → -a	bonito – bonita	schön
-or -ês -ol -u	+ -a	trabalhador – trabalhadora português – portuguesa espanhol – espanhola nu – nua *Ausnahme*: cortês – cortês	fleißig Portugiese, portugiesisch Spanier, spanisch nackt höflich
-eu	-eu → -eia	europeu – europeia *Ausnahme*: judeu – judia	Europäer, europäisch Jude, jüdisch
-ão	-ão → -ã → -ona	alemão – alemã comilão – comilona	Deutscher, deutsch nimmersatt
Ausnahmen		bom – boa mau – má	gut schlecht

Bei Adjektiven auf *-ês* entfällt in der femininen Form der Akzent:
português – portuguesa
(→ Aussprache und Schreibung, Seite 8)

▶ Adjektive mit folgenden Endungen haben nur eine Form:

Endung	♂ ♀	
-a	hipócrita	scheinheilig
-e	grande	groß
-l	difícil	schwierig
-m	comum	üblich, gemeinsam
-r	familiar	familiär, Familien-
-s *(unbetont)*	simples	einfach
-z	feliz	glücklich

▶ Adjektive, die noch nicht in der Sprache vollständig assimiliert sind, sind ebenfalls unveränderlich.

literatura light	Trivialliteratur

Bei zusammengesetzten Adjektiven wird nur das zweite Adjektiv in die feminine Form gesetzt.

Ele é luso-americano. –	Er/Sie ist portugiesisch-
Ela é luso-americana.	sprachige/-r Amerikaner/-in.

Wie bei den Substantiven ändern auch einige Adjektive das geschlossene [o] der Maskulinform in ein offenes [ɔ] in der Femininform. Diese Öffnung erfolgt aber nicht immer.

n[o]vo – n[ɔ]va	neu
amor[o]so – amor[ɔ]sa	lieb, liebevoll
aber: g[o]rdo – g[o]rda	dick

Pluralbildung

▶ Adjektive bilden den Plural nach den gleichen Regeln wie Substantive. Das Kennzeichen für den Plural ist das *-s*.

Endung Singular	Plural		
Vokal	+ -s	pequeno – pequenos pequena – pequenas alemã – alemãs grande – grandes	klein Deutsche, deutsch groß
-r -z -s (betont)	+ -es	trabalhador – trabalhadores feliz – felizes português – portugueses	fleißig glücklich Portugiese, portugiesisch
-s (unbetont)	unverändert	simples – simples	einfach
-l	-l → -is	espanhol – espanhóis agradável – agradáveis azul – azuis	Spanier, spanisch angenehm blau
-il (betont) (unbetont)	-il → -is -il → -eis	gentil – gentis difícil – difíceis	höflich schwierig
-m	-m → -ns	bom – bons	gut
-ão	-ão → -ões -ão → -ãos -ão → -ães	grandão – grandões cristão – cristãos alemão – alemães	riesig Christ, christlich Deutscher, deutsch

Wie bei der Femininbildung ändern einige Adjektive das geschlossene [o] in der Singularform in ein offenes [ɔ] in der Pluralform.

n[o]vo – n[ɔ]vos neu

Die Farbadjektive *laranja*, *rosa* und *cinza* sind unveränderlich.

biquini(s) laranja orangefarbene(r) Bikini(s)

Plural der zusammengesetzten Adjektive
Adjektive können sich 1. mit einem zweiten Adjektiv, 2. mit einem Substantiv oder 3. mit einem Adverb verbinden.
Im ersten Fall steht nur das zweite Adjektiv im Plural, im zweiten bleibt die Form unverändert und im dritten Fall steht nur das Adjektiv im Plural.

1. Adjektiv + Adjektiv	luso-americano – luso-americanos	portugiesischsprachiger Amerikaner
2. Adjektiv + Substantiv	verde-oliva – verde-oliva	olivgrün
3. Adverb + Adjektiv	bem-humorado – bem-humorados	gutgelaunt

Angleichung bei mehreren Substantiven
Wenn das Adjektiv mehr als ein Substantiv begleitet, gelten folgende Angleichungsregeln für Genus und Numerus:

▶ Bei Substantiven, die das gleiche Genus haben, richtet sich das Adjektiv nach dem Genus und nimmt die Pluralform an.

inverno e verão moderados	gemäßigte Winter und Sommer

▶ Bei Substantiven unterschiedlicher Genera ist entscheidend, ob das Adjektiv vor oder nach dem Substantiv steht. Im ersten Fall richtet sich das Adjektiv nach dem Genus des ersten Substantives. Im zweiten Fall nimmt das Adjektiv die Pluralform des Maskulinums an.

fortes aguaceiros e trovoada	starke Regenfälle und Gewitter
O Rui e a Joana são simpáticos.	Rui und Joana sind nett.

▶ Wenn sich das Adjektiv auf zwei Substantive im Singular bezieht, kann es entweder im Singular oder im Plural stehen.

Estudo língua e literatura portuguesa(s).	Ich studiere portugiesische Sprache und Literatur.

Im Gegensatz zum Deutschen werden Nationalitäten durch Adjektive wiedergegeben.
Os turistas são japoneses. Die Touristen sind **Japaner**.
A modelo é alemã. Das Model ist **Deutsche**.

Stellung

Nachstellung

Adjektive können sowohl vor als auch nach dem Substantiv stehen. Die normale Position ist die Nachstellung. In dieser Position hat das Adjektiv in der Regel eine konkrete, beschreibende Bedeutung.

um trabalho cansativo	eine **anstrengende** Arbeit
o deputado europeu	der **Europa**abgeordnete

Klassifizierende Adjektive, die Nationalität, Farbe, Herkunft und Stoffe bezeichnen, können nur nachgestellt werden.
um céu cinzento ein **grauer** Himmel
os países africanos die **afrikanischen** Staaten

Voranstellung

Wird ein Adjektiv dem Substantiv vorangestellt, erhält es eine eher wertende, subjektive Bedeutung.

Telefonou o meu simpático chefe.	Mein **netter** Chef hat angerufen. *(ironisch)*

▶ Bei einigen Adjektiven ändert sich die Bedeutung je nach Position.

um homem pobre	ein **mittelloser** Mann
um pobre homem	ein **bedauernswerter** Mann
uma certa decisão	eine **gewisse** Entscheidung
uma decisão certa	eine **richtige** Entscheidung

▶ Immer vorangestellt werden Adjektive, die Teil von festen Ausdrücken sind.

bela vista	schöne Aussicht

▶ Meistens vorangestellt werden die Adjektive *bom* und *mau* und die unregelmäßigen Formen *melhor*, *pior* und *maior*.

Tem estado mau tempo.	In letzter Zeit ist das Wetter schlecht.
Foi o maior tsunami de sempre.	Das war der größte Tsunami aller Zeiten.

▶ Einige Adjektive werden bevorzugt vorangestellt, wenn sie eine intensivierende oder abschwächende Funktion haben.

um amável convite	eine liebenswürdige Einladung
com a máxima discrição	mit höchster Diskretion

Steigerung

Zum Vergleichen von Lebewesen, Gegenständen, Begriffen oder Eigenschaften wird der **Komparativ** oder der **Superlativ** verwendet.

Der Komparativ

▶ **Die beiden verglichenen Objekte sind gleich:**
tão + Adjektiv + *como/quanto* ᴮᴾ

O meu bolo é tão doce como o teu.	Mein Kuchen ist **so** süß **wie** deiner.
A blusa é tão cara quanto a calça.ᴮᴾ	Die Bluse ist **so** teuer **wie** die Hose.

▶ **Die beiden verglichenen Objekte sind ungleich:**
mais + Adjektiv + *(do) que*

O livro é mais caro (do) que o CD.	Das Buch ist teur**er als** die CD.

menos + Adjektiv + *(do) que*

O CD é menos caro (do) que o livro. *gebräuchlicher:* O CD é mais barato (↔ caro) (do) que o livro.	Die CD ist **weniger** teuer **als** das Buch. Die CD ist **billiger als** das Buch.

Der Superlativ

Relativer Superlativ

Mit dem relativen Superlativ wird die höchste Steigerung innerhalb einer bestimmten Vergleichsmenge ausgedrückt.

▶ Bildung mit dem bestimmten Artikel:
o/a mais + Adjektiv + *de ...*

Este colar é o mais caro de todos.	Diese Kette ist **die** teuer**ste von** allen.

o/a menos + Adjektiv + *de ...*

Este quarto é o menos barulhento do hotel.	Dieses Zimmer ist **das** ruhig**ste des** Hotels (*wörtlich:* das am wenigsten laute).

Wird das Substantiv von einem Artikel begleitet, wird dieser nicht wiederholt.
o quarto mais caro de todos   das teuerste Zimmer von allen

▶ Bildung mit dem unbestimmten Artikel:

O Rio é uma das cidades mais bonitas do mundo.	Rio ist **eine der** schön**sten** Städte **der** Welt.

▶ Unregelmäßige Formen:

	Komparativ	Superlativ	
bom/boa	melhor	o/a melhor	gut – besser – der, die, das beste
mau/má/ ruim ⓑⓟ	pior	o/a pior	schlecht – schlechter – der, die, das schlechteste
grande	maior	o/a maior	groß – größer – der, die, das größte
pequeno/-a	menor	o/a menor	klein – kleiner – der, die, das kleinste

O *Bota* é o melhor bar da cidade.	Das *Bota* ist **die beste** Bar **der** Stadt.
O vinho português é um dos melhores (vinhos) da Europa.	Der portugiesische Wein ist **einer der besten** (Weine) Europas.
A mala preta é a maior de todas.	Der schwarze Koffer ist **der größte von** allen.

Als Komparativform von *pequeno* ist im ⓑⓟ *menor* üblich, während im ⓔⓟ die Form *mais pequeno* bevorzugt wird.

Absoluter Superlativ

Mit dem absoluten Superlativ wird ein hoher Grad einer Eigenschaft ohne Bezug auf eine Vergleichsmenge ausgedrückt. Zwei Formen sind möglich:

muito + Adjektiv	O anel é muito caro.	Der Ring ist **sehr** teuer.
Adjektiv + *-íssimo/-a*	O anel é caríssimo.	

Im Deutschen können beide Formen durch **sehr + Adjektiv** wiedergegeben werden. Die Verwendung zusammengesetzter Adjektive wie „uralt", „riesengroß" oder die Kombination mit Adverbien wie „außerordentlich" stellt eine weitere Möglichkeit dar.

O filme é antiquíssimo. A palestra foi longuíssima.	Der Film ist **uralt**. Der Vortrag war **außerordentlich lang**.

Die Bildung mit *-íssimo*

▶ Endet das Adjektiv auf Vokal, entfällt dieser, bevor *-íssimo* angehängt wird.
caro → car- + -íssimo → caríssimo

▶ Bitte beachten Sie die folgenden orthographischen Veränderungen:

c *vor* -a/-o	→	qu *vor* -e/-i	rico → riquíssimo
g *vor* -a/-o	→	gu *vor* -e/-i	largo → larguíssimo
z / s		→ c	feliz → felicíssimo simples → simplicíssimo

Bei einigen Adjektiven wird *-íssimo* an den lateinischen Stamm angehängt.
amável → amabilíssimo   sehr freundlich
antigo → antiquíssimo   sehr alt, uralt

Unregelmäßige Formen

▶ In einigen Fällen können zwei Formen verwendet werden:

fácil	facílimo		einfach – sehr einfach
difícil	dificílimo		schwierig – sehr schwierig
pobre	paupérrimo	pobríssimo	arm – sehr arm
grande	máximo	enorme	groß – sehr groß
bom	ótimo		gut – sehr gut
mau	péssimo		schlecht – sehr schlecht

Weitere Möglichkeiten

▶ Wiederholung des Adjektivs oder Verwendung fester Ausdrücke.

O dia esteve frio, frio.	Der Tag war **sehr** kalt.
A modelo era leve como uma pena.	Das Model war **federleicht**.

▶ Verwendung von Präfixen *(super-, hiper-, ultra-)* oder Partikeln wie *simplesmente, realmente, bastante, bué de* ᴱᴾ usw.

O filme é realmente mau.	Der Film ist **wirklich** schlecht.
Essa banda é bué de ᴱᴾ conhecida.	Diese Band ist **mega**-in.
O portátil ᴱᴾ/laptop ᴮᴾ é ultraleve.	Das Notebook ist **super**leicht.

▶ Zur Verwendung von Suffixen, die Verkleinerung oder Vergrößerung ausdrücken → Verkleinerungs- und Vergrößerungsformen, Seite 51 f.

um papel fininho	ein sehr dünnes Papier

▶ Vokal- oder Silbendehnung (in der gesprochenen Sprache)

É liiiiiindo!	Schöööön!	É ex-ce-len-te!	Aus-ge-zeich-net!

Klassifizierende Adjektive, die Nationalität, Farbe, Herkunft und Stoffe bezeichnen, können nicht gesteigert werden, es sei denn, sie werden qualifizierend verwendet.

Ele é muito alemão!   Er ist ein typischer Deutscher!
Esta bolsa é mais vermelha que a minha.   Diese Tasche ist roter als meine. *(in einer bestimmten Farbskala)*

Das Adverb

Adverbien können Verben, Adjektive, andere Adverbien, Pronomen oder ganze Sätze näher bestimmen.

> 1 Welche **Formen** haben Adverbien und wie werden sie gebraucht?
> 2 Welche **Funktionen** haben Adverbien?
> 3 Wie werden Adverbien im Hinblick auf ihre Bedeutung **klassifiziert**?
> 4 Wie werden Adverbien **gesteigert**?
> 5 Welche **Stellung** nehmen Adverbien im Satz ein?

Formen

Adverbien sind unveränderlich und können aus einem Wort (**einfache Adverbien**) oder mehreren Wörtern (**adverbiale Ausdrücke**) bestehen.

hoje, amanhã, aqui, calmamente	heute, morgen, hier, ruhig
de repente, ao lado, por acaso	plötzlich, nebenan, zufällig

Abgeleitete Adverbien

▶ Adverbien können von Adjektiven durch das Anhängen des Suffixes -*mente* an die Femininform des Adjektivs abgeleitet werden. Hat das Adjektiv nur eine Form, wird -*mente* direkt an diese angehängt.

calmo → calma → calmamente	ruhig, auf ruhige Weise
feliz → felizmente	glücklicherweise
simples → simplesmente	einfach, auf einfache Weise

Durch das Hinzufügen von -*mente* verschiebt sich die Hauptbetonung des Wortes auf die Silbe -*men*-:
lógico → logicamente   logischerweise
cortês → cortesmente   höflich

▶ Wenn zwei oder mehrere abgeleitete Adverbien im Satz aufeinanderfolgen, können sie entweder durch ein Komma oder durch die Konjunktion *e* (und) getrennt werden, wobei nur das letzte Adverb das Suffix *-mente* erhält, während alle anderen in der Femininform des Adjektivs stehen.

Ele sorriu calmamente, resignadamente. Ele sorriu calma e resignadamente.	Er lächelte ruhig **und** resigniert.

▶ Die maskuline Singularform einiger Adjektive kann adverbial verwendet werden, d. h. sie passt sich weder im Genus noch im Numerus an.

Eles trabalham duro. (= duramente)	Sie arbeiten **hart**.
Respondam rápido. (= rapidamente)	Antwortet **schnell**.

Funktionen

▶ Abgesehen davon, dass Adverbien andere Wörter oder Sätze näher bestimmen, können sie außerdem einen Text strukturieren und dadurch dem Sprecher/Hörer helfen, sich in diesem Text besser zu orientieren.

Primeiro, falarei sobre as origens do fado, depois, sobre os temas mais típicos e, por fim, ouviremos alguns fados.	**Zuerst** werde ich über die Ursprünge des *fado* sprechen, **danach** über die bekanntesten Themen und **schließlich** werden wir einige *fados* hören.
Com a crise, muitas empresas faliram; consequentemente o desemprego aumentou.	Durch die Krise sind viele Firmen bankrott gegangen; **folglich** ist die Arbeitslosigkeit gestiegen.

- Weiterhin stellen Adverbien auch Signale dar, die sowohl vom Sprecher als auch vom Hörer verwendet werden, um das Gespräch aufrechtzuerhalten, so z.B. bei der Kontaktaufnahme *(então)*, um auf das vorher Gesagte einzugehen *(claro)* oder um die subjektive Einstellung über das, was geäußert wird, auszudrücken *(realmente, francamente, infelizmente)*.

Então, como correu o jogo?	**Nun**, wie ist das Spiel gelaufen?
Claro. Antigamente havia mais pobreza, mas hoje também há.	**Klar**. Damals gab es mehr Armut, aber es gibt sie noch heute.
Realmente, o tapete é muito caro.	Der Teppich ist **tatsächlich** teuer.

Klassifizierung

Nach ihrer Bedeutung können Adverbien und adverbiale Ausdrücke in unterschiedliche Kategorien eingeteilt werden, wobei einige Adverbien mehreren Kategorien angehören können. Hier nur eine kleine Auswahl.

Adverbien und adverbiale Ausdrücke der Zeit

hoje – ontem	heute – gestern	antigamente	damals
antes – depois	vorher – nachher	às vezes	manchmal
logo	später	agora	jetzt

Ontem estive no médico.	**Gestern** war ich beim Arzt.
Antigamente ela vivia em Angola.	**Damals** lebte sie in Angola.
… depois viram à esquerda.	… **danach** biegen Sie rechts ab.

Das Adverb

Adverbien und adverbiale Ausdrücke des Ortes

aqui, aí, ali	hier, da, dort
cá, lá	hier, dort
perto – longe	nah – weit
ao lado	nebenan, daneben
em frente	gegenüber, geradeaus

Timor fica longe. Vê aquele banco? A estação fica ao lado. Siga em frente ...	Timor ist **weit weg**. Sehen Sie die Bank dort drüben? Der Bahnhof befindet sich **daneben**. Gehen/Fahren Sie **geradeaus** ...

Mit Ortsadverbien können präpositionale Ausdrücke gebildet werden. (→ Die Präpositionen, Seite 147 f.)
O banco fica ao lado da estação.   Die Bank ist **neben dem** Bahnhof.

Aqui – aí – ali

▶ Diese Adverbien haben eine hinweisende Bedeutung und werden häufig in Verbindung mit Demonstrativa verwendet.
 (→ Die Demonstrativa, Seite 80 f.)

in der Nähe des Sprechers	aqui	*Am Telefon:* Aqui em Berlim está frio. E aí em Lisboa?	**Hier** in Berlin *(wo ich bin)* ist es kalt. Und wie ist es **dort** in Lissabon *(wo du bist)*?
in der Nähe des Angesprochenen	aí		
von beiden entfernt, aber für beide noch sichtbar	ali	• A casa de banho é ali ao fundo. ▶ Obrigado.	• Die Toilette ist **dort** drüben. ▶ Danke.

Cá – lá

Sprecher befindet sich am erwähnten Ort	cá	Deixaste o guarda-chuva cá [EP]/aqui [BP] em casa. Vem cá.	Du hast deinen Regenschirm **hier** bei uns gelassen. Komm **hierher**.
Sprecher befindet sich nicht an dem gemeinten Ort	lá	Eu vivo em Lisboa, mas sou de Recife. Talvez um dia volte para lá.	Ich lebe in Lissabon, bin aber aus Recife. Eines Tages werde ich vielleicht **dort**hin zurückkehren.

Im Ⓑⓟ wird *aqui* viel häufiger als *cá* verwendet. *Cá* kommt fast ausschließlich in festen Ausdrücken vor.
de cá para lá/de lá para cá   hin und her

Adverbien und adverbiale Ausdrücke der Art und Weise

bem, mal, devagar, assim, sobretudo, por acaso	gut, schlecht, langsam, so, vor allem, zufällig
abgeleitete Adverbien auf -*mente*: infelizmente, aproximadamente	leider, ungefähr
adverbiale Ausdrücke mit *com* + Substantiv: com paciência, com rapidez	geduldig, schnell

Bem – mal

Neste restaurante come-se **bem**. Ele trata **mal** a mulher.	In diesem Restaurant isst man **gut**. Er behandelt seine Frau **schlecht**.

Bitte nicht mit den entsprechenden Adjektivformen *bom/boa*, *mau/má* verwechseln.

▶ Diese Adverbien werden auch als Intensitätsadverbien gebraucht.

Ele era **bem** pobre. Ele **mal** fala no assunto.	Er war **sehr** arm. Er spricht **kaum** darüber.

Adverbien und adverbiale Ausdrücke der Menge und Intensität

muito – pouco	sehr, viel – wenig	tão/tanto	so, so sehr/ so viel
mais	mehr	demais	zu (viel)
nada	nichts	ao todo	insgesamt

Das Adverb

Muito

▶ Als Adverb ist *muito* unveränderlich.

| Eles falam muito. | Sie sprechen **viel**. |
| As professoras são muito simpáticas. | Die Lehrerinnen sind **sehr** nett. |

Demais

▶ *Demais* steht nach dem Adjektiv.

| Este televisor é grande demais. | Dieser Fernseher ist **zu** groß. |

Tão – tanto

▶ Vor Adjektiven und Adverbien wird *tão*, mit Verben *tanto* gebraucht.

| Ela canta tão <u>bem</u>. | Sie singt **so** schön. |
| Eles <u>gostam</u> tanto de doces. | Sie mögen Süßspeisen **so sehr**. |

Adverbien und adverbiale Ausdrücke der Bejahung und Verneinung

sim realmente	ja wirklich	pois, claro com certeza	ja, klar, eben zweifellos, sicherlich
não nem	nein, nicht nicht (einmal)	nunca também não	nie auch nicht

Sim – não → Der Satz, Seite 167 ff.

Nem vs. *não*

▶ In Verbindung mit *tudo/todos/todas* und *um/uma* wird *não* durch *nem* ersetzt. *Nem* ist auch Bestandteil von festen Ausdrücken wie *nem sempre*, *nem mesmo* und *nem sequer*.

| Nem tudo o que reluz é ouro. | Es ist **nicht** alles Gold, was glänzt. |
| Ele nem sequer me cumprimentou. | Er hat mich **nicht mal** begrüßt. |

Adverbien des Zweifels

talvez	vielleicht
provavelmente	möglicherweise

Talvez
▶ Wird *talvez* dem Verb vorangestellt, steht das Verb im Konjunktiv, bei Nachstellung dagegen im Indikativ.

Ele talvez faça férias em julho. Ele faz férias talvez em julho.	Er wird **vielleicht** im Juli Ferien machen.

Adverbien und adverbiale Ausdrücke des Ein- und Ausschlusses

inclusive	einschließlich	até	sogar
só	nur, erst, bloß	exclusivamente	ausschließlich

Zu den **Interrogativadverbien** *onde, quando, como* und *quanto*
→ Die Interrogativa, Seite 89 ff.

Steigerung

▶ Viele Adverbien können gesteigert werden. Die Steigerung folgt den gleichen Regeln wie bei den Adjektiven. (→ Steigerung, Seite 37 ff.)

Ela cozinha tão bem como eu. Ela ganha pior (do) que ele. A universidade fica pertíssimo.	Sie kocht **so** gut **wie** ich. Sie verdient **schlechter als** er. Die Uni ist **sehr nah.**

Neben den unregelmäßigen Formen *melhor* und *pior* gibt es auch die regelmäßigen Formen *mais/menos bem* bzw. *mais/menos mal*, die mit Partizipien bevorzugt verwendet werden.

A Sara é a que dança melhor.	Sara tanzt **am besten**.
A Sara é a que está mais bem treinada.	Sara ist **am durchtrainiertesten**.

▶ Adverbien können Verkleinerungsformen bilden. Dadurch wird ihre Bedeutung intensiviert oder es werden Gefühle wie Zärtlichkeit oder Anteilnahme ausgedrückt. (→ Vergrößerungs- und Verkleinerungsformen, Seite 51 f.)

Cheguei agor**inha** mesmo.	Ich bin **gerade eben** angekommen.
O senhor sente-se melhor**zinho**?	Fühlen Sie sich **besser**?

Stellung

▶ In der Regel haben Adverbien keine feste Stellung innerhalb des Satzes.

Amanhã vamos ver um filme brasileiro. Nós, amanhã, vamos ver um filme brasileiro. Nós vamos ver um filme brasileiro amanhã.	**Morgen** werden wir einen brasilianischen Film ansehen.

▶ Einige Adverbien stehen unmittelbar vor dem Teil des Satzes, den sie hervorheben. Die Bedeutung des Satzes ändert sich entsprechend.

Só o médico mostrou a radiografia ao doente.	**Nur** der Arzt hat dem Patienten die Röntgenaufnahme gezeigt.
O médico só mostrou a radiografia ao doente.	Der Arzt hat dem Patienten die Röntgenaufnahme **nur** gezeigt.
O médico mostrou só a radiografia ao doente.	Der Arzt hat dem Patienten **nur die Röntgenaufnahme** gezeigt.
O médico mostrou a radiografia só ao doente.	Der Arzt hat **nur** dem Patienten die Röntgenaufnahme gezeigt.

▶ Bei einigen Adverbien entscheidet die Stellung im Satz über Funktion und Bedeutung.

Ela recebeu a bolsa muito justamente.	Sie hat das Stipendium völlig **zu Recht** bekommen.
É justamente dessa bolsa que estou a falar.	Ich spreche **genau** über dieses Stipendium.

▶ *Não* und *nunca* stehen vor dem Verb.

Não tens aulas hoje?	Hast du heute **keinen** Unterricht?
Nunca fiz surf.	Ich habe **nie** gesurft.

▶ Wenn sich Adverbien auf einen ganzen Satz beziehen, stehen sie meistens entweder am Anfang oder am Ende des Satzes.

Felizmente, ele achou um apartamento.	**Glücklicherweise** hat er eine Wohnung gefunden.
Ele achou um apartamento, felizmente.	

Verkleinerungs- und Vergrößerungsformen 6

Verkleinerungs- und Vergrößerungsformen werden im gesprochenen Portugiesisch sehr häufig verwendet, nicht nur, um etwas als klein oder groß zu bezeichnen, sondern auch, um eine emotional gefärbte Einstellung (Zärtlichkeit, Anteilnahme, aber auch Herabsetzung und Ironie usw.) auszudrücken, die oft nur im Kontext verständlich wird.

▸ **Verkleinerungsformen** werden meistens durch das Anfügen der Suffixe (Nachsilben) *-inho/-a* an Substantive und Adjektive gebildet.

gato	gat- + -inho → gatinho	Katze
branca	branqu- + -inha → branquinha	weiß

Wenn Substantive und Adjektive auf betonten Vokal, Diphthong oder Nasal enden, wird meistens *-zinho/-zinha* angehängt.

pai	pai- + -zinho → paizinho	Vater
má	ma- + -zinha → mazinha	böse/schlecht
bom	bon- + -zinho → bonzinho	gut

Das Adjektiv *pequeno* (klein) wird durch das Suffix *-ino* verkleinert.
Que quarto pequenino!   Was für ein **winziges** Zimmer!

▸ **Vergrößerungsformen** werden meistens durch das Anfügen von *-ão* für die männliche und *-ona* für die weibliche Form gebildet.

carro	carr- + -ão → carrão	Auto
bonita	bonit- + -ona → bonitona	schön

uma pessoa baixinha	ein kleiner Mensch
Coitadinha da senhora!	Die arme Frau! *(Anteilnahme)*
Gosto muito do meu carrinho.	Ich mag mein Auto sehr. *(zärtlich; das Auto muss nicht klein sein.)*

Este casaco custa um dinheirão!	Diese Jacke kostet viel zu viel Geld!
Aqui está o bolinho que pediram.	Hier der bestellte Kuchen. *(Der Kuchen ist nicht kleiner als sonst, der Kellner möchte nur Sympathie bekunden.)*
Ela escreve umas coisinhas para um jornal.	Sie schreibt irgendwelche (unwichtige) Sachen für eine Zeitung. *(abwertend)*

▶ Auch Adverbien oder adverbiale Ausdrücke können verkleinert werden, wodurch ihre Bedeutung verstärkt wird.

Levantem-se cedinho. Ela abriu a porta de mansinho.	Ihr solltet ganz früh aufstehen. Sie öffnete die Tür ganz leise.

▶ Auch Verkleinerungsformen können wiederum verkleinert werden.

Que bebé [EP]/bebê [BP] tão pequenininho!	Was für ein winzig kleines Baby!

Die Personalpronomen

Die Personalpronomen stehen stellvertretend für den Sprechenden (1. Person), den Angesprochenen (2. Person) und den oder das Besprochene (3. Person).

1. Welche **Funktionen** haben die Personalpronomen im Satz?
2. Welche Formen haben die **Subjektpronomen** und wie werden sie gebraucht?
3. Welche Formen werden in der **Anrede** verwendet?
4. Welche Formen haben die **direkten** und **indirekten Objektpronomen** und wie werden sie gebraucht?
5. Welche Formen haben die **Objektpronomen nach Präpositionen** und wie werden sie gebraucht?
6. Welche **Stellung** können die unbetonten Objektpronomen im Satz einnehmen?
7. Welche Formen haben die **Reflexivpronomen** und wie werden sie gebraucht?

Funktionen

Die Personalpronomen können als Subjekt, direktes Objekt und indirektes Objekt mit und ohne Präposition gebraucht werden. Charakteristisch für die Personalpronomen ist, dass sich die Formen je nach Funktion ändern.

Funktion			
Subjekt		Eu moro aqui.	**Ich** wohne hier.
direktes Objekt		Ninguém o viu.	Niemand hat **ihn** gesehen.
indirektes Objekt	ohne Präp.	Ninguém lhe escreveu.	Niemand hat **ihm** geschrieben.
	mit Präp.	Ele não gosta de mim.	Er mag **mich** nicht.

Subjektpronomen

Formen

	BP		EP	
	Subjektform		Subjektform	
Singular 1.	eu	ich	eu	ich
2.	tu	du	tu	du
	você	**du**/Sie	você	**Sie**
	o senhor/a senhora	Sie	o senhor/a senhora	Sie
3.	ele/ela	er/sie/es	ele/ela	er/sie/es
Plural 1.	nós	wir	nós	wir
2.	(vós) vocês	ihr/Sie	(vós) vocês	ihr/Sie
	os senhores/as senhoras	Sie	os senhores/as senhoras	Sie
3.	eles/elas	sie	eles/elas	sie

Zum Pronominalsystem wurden hier auch die Anredeformen *você/ o senhor/a senhora* und deren Pluralformen *vocês/os senhores/ as senhoras* hinzugefügt. Die zugehörige Verbform für diese Anrede ist die 3. Person.

▶ *Vós* (2. Person Plural) ist veraltet und wird durch *vocês* ersetzt

▶ Die Pluralform *eles* steht für männliche und gemischte Gruppen. Die Pluralform *elas* steht ausschließlich für weibliche Gruppen.

a Ana e o Ivo → Eles são do Rio.	**Sie** sind aus Rio.
a Eva e a Ida → Elas estudam em Brasília.	**Sie** studieren in Brasília.

Das neutrale deutsche Pronomen **es** gibt es im Portugiesischen nicht. Wenn **es** ein sächliches Substantiv ersetzt, kann es durch *ele* bzw. *ela* wiedergegeben werden. Das unpersönliche **es** wie in den Beispielsätzen wird in der Regel überhaupt nicht oder durch *isto/isso* wiedergegeben.

das Mädchen → **es**	a menina → ela
das Kleid → **es**	o vestido → ele
Es ist schade. / Ich weiß **es** nicht.	É pena. / Não sei.
Er hat **es** schon oft gesagt.	Ele já disse (isto/isso) várias vezes.

Gebrauch

▶ Die Subjektpronomen sind Subjekt des Satzes. Sie können weggelassen werden. Das ist vor allem bei den Pronomen *eu*, *tu* und *nós* der Fall, da die Person eindeutig an der Verbendung erkennbar ist. Bei Hervorhebung oder Gegenüberstellung werden die Subjektpronomen nicht weggelassen.

Gosto de chá.	Ich mag Tee.
Queres um café?	Willst du einen Kaffee?
Eles não vão à festa, mas eu vou.	**Sie** gehen nicht zur Party, aber **ich** gehe hin.

Im gesprochenen ⓑⓟ werden die Subjektpronomen in der Regel nicht weggelassen.

Nós queremos te ajudar.	**Wir** wollen dir helfen.

Umgangssprachlich wird in beiden Varianten *nós* durch *a gente* ersetzt. Diese Alternativform kommt im ⓑⓟ häufiger vor als im ⓔⓟ.

A gente fica em casa.	**Wir** (*wörtlich:* die Leute) bleiben zu Hause.

Anrede

Anrede im ⓑⓟ

Informelle Anrede

▶ Für die Anrede unter Freunden, Familienmitgliedern, Studenten und Arbeitskollegen wird *você/vocês* verwendet. In der Regel entspricht diese Anrede dem deutschen **du/ihr**, aber abhängig vom Kontext auch **Sie**, denn *você/vocês* ist die allgemein verwendete Anrede unter jungen Leuten unabhängig vom Bekanntheitsgrad. Ladenangestellte und Kellner, die (sehr) jung sind, werden auch mit *você* angesprochen. Auch Professoren sprechen ihre Studenten mit *você* an.

Você faz as compras hoje?	Gehst **du** heute einkaufen?
Vocês vendem selos?	Verkaufen **Sie** Briefmarken?
	(Kiosk)
Você pode vir mais tarde.	**Sie** können später kommen.
	(Dozent)

> *Tu* wird in einigen Gegenden Süd- und Nordbrasiliens verwendet.
> Umgangssprachlich wird *tu* oft mit der Verbform der 3. Person
> Singular gebraucht.
> Tu fazes (Tu faz) as compras   Gehst **du** heute einkaufen?
>   hoje?

Respektvolle bzw. formelle Anrede

▶ Für ältere und sozial höhergestellte Personen wird die respektvolle bzw. formelle Anrede *o senhor/a senhora* verwendet. Frauen werden in der Regel mit *dona* (D.) + Vornamen, Männer mit *senhor* (Sr.) + Vor- oder Nachnamen angesprochen. Für Ärzte, aber auch für Ingenieure und Rechtsanwälte, wird *doutor* (Dr.) verwendet.

D. Teresa, a senhora vai bem?	D. Teresa, geht es **Ihnen** gut?
Sr. Ivo, o senhor vai bem?	„Herr" Ivo, geht es **Ihnen** gut?
Sr. Seixas, como vai o senhor?	**Herr** Seixas, wie geht es **Ihnen**?
Dr. Pedro, preciso falar com o senhor.	Dr. Pedro, ich muss mit **Ihnen** sprechen.

> In vertrauten Situationen wird öfters *seu* Antônio anstatt *senhor*
> Antônio gebraucht.

Anrede im EP

Das Anredesystem im EP ist komplexer, da es viele unterschiedliche Formen enthält.

Das EP verfügt nicht nur über eine **direkte**, sondern auch über eine **indirekte** Anrede. Die indirekte Anrede, für die es meistens keine Entsprechung im Deutschen gibt, wird sehr oft gebraucht, vor allem bei den formellen und neutralen Anredeformen. Vor dieser Form steht immer der bestimmte Artikel und das Verb ist in der 3. Person.

Direkte Anrede	Indirekte Anrede	
Pai, levas-me?	O pai leva-me?	**Vater**, nimmst du mich mit?
Vai sair, Sr. Sá?	O Sr. Sá vai sair?	Gehen Sie aus, **Herr Sá**?
Dr. Gil, precisa do relatório?	O Dr. Gil precisa do relatório?	**Dr. Gil**, brauchen Sie den Bericht?
Quer camarão, minha senhora?	A senhora quer camarão?	Wollen Sie Garnelen, **gnädige Frau**?

Informelle bzw. vertrauliche Anrede
tu/vocês

▶ Diese Formen werden für die Anrede unter Freunden, Familienmitgliedern, Studenten und jungen Arbeitskollegen verwendet. Sie entsprechen ungefähr den deutschen Anredeformen **du/ihr**. Im Gegensatz zum Deutschen werden diese Anredepronomen aber meistens weggelassen. (→ Gebrauch der Subjektpronomen, Seite 55)

(Tu) fazes as compras hoje?	Gehst **du** heute einkaufen?
(Vocês) fazem as compras hoje?	Geht **ihr** heute einkaufen?

Vor allem unter Männern wird die Anredeform *pá* häufig verwendet.
Tudo bem, pá?   Geht's gut?

▶ Eltern, Großeltern und andere ältere Verwandte werden heutzutage von ihren Kindern, Enkelkindern usw. zunehmend geduzt. Wie im Deutschen werden Formen wie *pai, mãe, avô* oder die Diminutive *papá, mamã, vó, avozinho* sowohl als direkte als auch als indirekte Anrede verwendet.

Avô, jantas connosco?	**Großvater**, isst du mit uns?
Mamã, emprestas-me o telemóvel?	**Mama**, leihst du mir dein Handy?

Als indirekte Anredeform muss das Verb stets in der 3. Person stehen.

O avô janta connosco?
A mãe empresta-me o telemóvel?

Formelle bzw. respektvolle Anrede

▶ Für die formelle bzw. respektvolle Anrede für ältere und sozial höhergestellte Personen wird *o(s) senhor(es)* bzw. *a(s) senhora(s)* verwendet. Männer werden mit *senhor (Sr.)* + Nachname, Frauen mit *senhora (Sra.) dona* + Vorname oder nur *dona (D.)* + Vorname angeredet.

O senhor quer pagar?	Möchten **Sie** zahlen?
Sr. Castro, como vai?	Wie geht es **Ihnen, Herr Castro**?
A senhora é angolana?	Sind **Sie** aus Angola?
A (Sra.) D. Ana precisa de um táxi?	Brauchen **Sie** ein Taxi? (*wörtlich:* Braucht die (Frau) D. Ana ein Taxi?)
Como está, minha senhora?	Wie geht es **Ihnen,** (gnädige Frau)? (*nur bei Frauen*)

Männer und Frauen, die sozial untergeordnet sind, können mit *senhor* + Vorname *(Sr. José)* und *senhora* statt *dona* + Vorname *(Sra. Maria)* angesprochen werden. Diese Anredeform verlangt vom Sprecher viel kulturelles Wissen, da die Spanne zwischen respektvoll und nicht respektvoll sehr gering sein kann. Deshalb der Rat: Solange man nicht sicher ist, lieber die anderen genannten Anredeformen verwenden!

In Geschäften werden Frauen, auch wenn sie verheiratet oder nicht mehr so jung sind, oft mit *a menina* angeredet.

A menina leva os sapatos azuis?	Nehmen **Sie** die blauen Schuhe? (*wörtlich:* Nimmt das Fräulein die blauen Schuhe?)

▶ In Portugal werden nicht nur Ärzte, sondern jeder, der ein Studium abgeschlossen hat, sehr oft mit *o senhor doutor/a senhora doutora* bzw. *o doutor/a doutora* angeredet. Diese Formen können zu *Sr. Dr./Sra. Dra.* bzw. *Dr./Dra.* abgekürzt werden. Bei einigen Berufen wird dieser Titel durch die entsprechenden Berufsbezeichnungen ersetzt.

Quer um café, Sr. Doutor?	Möchten Sie einen Kaffee, **Herr Doktor**?
O Sr. Engenheiro vai sair?	Gehen **Sie** aus? (*wörtlich:* Der Herr Ingenieur geht aus?)

In der gesprochenen Sprache werden die Formen *Sr. Doutor, Sra. Doutora* oft sehr undeutlich ausgesprochen. Dadurch entstehen Lautgebilde, die schriftlich mit *sotor, sotora* in etwa wiedergegeben werden können.

Neutrale Formen
Wenn die Anrede *o senhor/a senhora* zu formell und respektvoll, aber *tu* zu informell und zu vertraut ist, weist das EP neutrale Formen auf. Sie werden hauptsächlich von Sprechern in größeren Städten gebraucht, deren Alter und sozialer Status ähnlich ist, die sich aber nicht näher kennen (vergleichbar mit der deutschen Anrede **Vorname + Sie**). Einige dieser Formen sind:

▶ **Verb in der 3. Person ohne Anredepronomen**
Auch wenn an der Verbendung nicht immer eindeutig zu erkennen ist, ob es sich tatsächlich um eine Anrede handelt oder ob über eine 3. Person gesprochen wird, ist diese die neutralste Form. Sie wird sehr häufig verwendet.

Quer trabalhar comigo?	Möchten **Sie** mit mir arbeiten?

▶ *o/a* + **Vorname**

O Rui nasceu em Beja?	Sind **Sie** in Beja geboren, **Rui**? (*wörtlich:* Der Rui ist in Beja geboren?)

▶ *você/vocês*

Você leu o relatório?	Haben **Sie** *(Singular)* den Bericht gelesen?
Vocês leram o relatório?	Haben **Sie** *(Plural)* den Bericht gelesen?

Die Anrede *você* wird in der Werbung bevorzugt. In ländlichen Gegenden wird sie als nicht genug respektvoll empfunden, da *você* auch die Anrede für sozial Untergeordnete sein kann.

Direkte und indirekte Objektpronomen

Formen

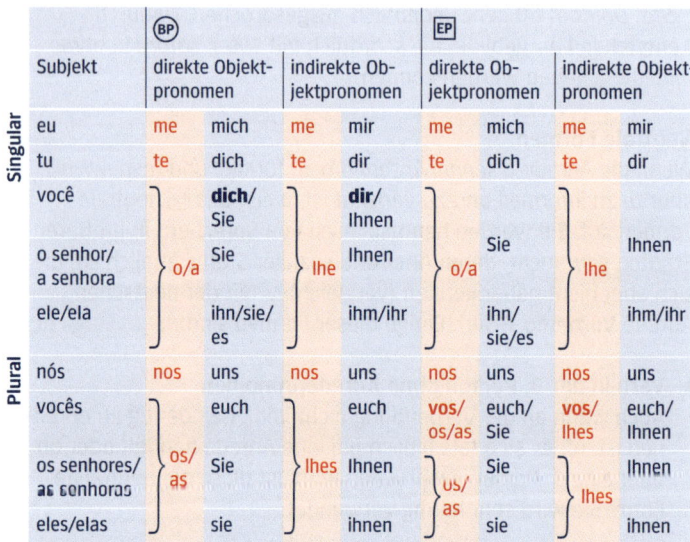

Gebrauch der direkten Objektpronomen

▶ Das direkte Objektpronomen steht für ein direktes Objekt.
(→ Das Verb, Seite 103 f.)

| O Luís viu-me no cinema. | Luís hat **mich** im Kino gesehen. |
| Estas cadeiras? Comprei-as na Casa Dino. | Diese Stühle? Ich habe **sie** bei Dino gekauft. |

▶ In der 3. Person und in der Anrede mit *você(s)*, *o(s) senhor(es)* und *a(s) senhora(s)* haben die Objektpronomen die gleichen Formen.

| Maria e Ana, convido-as para a minha festa. | Maria und Ana, ich lade **euch**ᴮᴾ/ **Sie**ᴱᴾ zu meiner Party ein. |
| Sr. Caio, convido-o também. | „Herr" Caio, ich lade **Sie** auch ein. |

▶ Das ⓔⓟ verwendet für die 2. Person Plural *(vocês)* und für *os senhores/as senhoras* unterschiedliche Objektformen, je nachdem, ob es sich um eine informelle oder eine formelle Anrede handelt.

Ana e Ivo, convido-**vos** para a minha festa.	Ana und Ivo, ich lade **euch** zu meiner Party ein.
Dra. Ana e Dr. Vaz, convido-**os** para a minha festa.	Frau Dr. Ana und Herr Dr. Vaz, ich lade **Sie** zu meiner Party ein.

Gebrauch der direkten Objektpronomen im ⓑⓟ

Anrede

Im gesprochenen ⓑⓟ werden bei der Anrede anstatt der direkten Objektpronomen *o(s), a(s)* andere Formen bevorzugt.

▶ Verwendung der Subjektformen der Anrede.

Vocês vão à festa? Então vejo **vocês** lá. (*anstatt* então os/as vejo)	Geht ihr zur Party? Dann sehe ich **euch** dort.
O senhor também foi à festa, Sr. Paulo? Puxa, não vi **o senhor** lá. (*anstatt* não o vi)	Sind Sie auch zur Party gegangen, „Herr" Paulo? Na sowas, ich habe **Sie** dort nicht gesehen.

▶ Verwendung von *te*. Der Wechsel zwischen 3. Person *(você)* und 2. Person *(te)* kommt häufig vor.

Laura, você vai à festa? Então eu **te** vejo lá. (*anstatt* eu a vejo)	Laura, gehst du zur Party? Dann sehe ich **dich** dort.

3. Person

Anstatt der Objektpronomen der 3. Person *o(s), a(s)* werden im gesprochenen ⓑⓟ andere Formen bevorzugt.

▶ Das Objektpronomen fällt weg.

• Onde você comprou seu sofá? ▶ Eu comprei na Casa Dino.	• Wo hast du dein Sofa gekauft? ▶ Ich habe **es** bei Dino gekauft.

▶ Das Substantiv wird wiederholt. Diese Verwendung kommt auch im EP vor.

• Fazemos um bolo?	• Backen wir einen Kuchen?
▶ Claro. Fazemos um bolo, sim.	▶ Klar, backen wir **einen** (Kuchen).

Umgangssprachlich werden häufig die Subjektformen *ele(s)*, *ela(s)* verwendet.

• Você conhece a Paula?	• Kennst du Paula?
▶ Claro. Conheço ela há 20 anos.	▶ Klar. Ich kenne **sie** seit 20 Jahren.

Gebrauch der indirekten Objektpronomen

▶ Die indirekten Objektpronomen stehen für indirekte Objekte mit der Präposition *a* oder *para*. (→ Das Verb, Seite 103 f.)

Ela mostrou-me a carta (a/para mim).	Sie hat **mir** den Brief gezeigt.
▶ O que é que a Lia deu ao Rui?	▶ Was hat Lia **Rui** gegeben?
• Deu lhe um livro (a/para ele).	• Sie hat **ihm** ein Buch gegeben.

▶ Wie bei den direkten Objektpronomen haben die indirekten Objektpronomen die gleichen Formen in der 3. Person und in der Anrede mit *você(s)*, *o(s) senhor(es)* und *a(s) senhora(s)*. Hier sind einige Beispiele für die Anrede:

Zé, dou-lhe a foto depois.	Zé, ich gebe **dir** das Foto später.
D. Bia, apresento-lhe a Ana.	D. Bia, ich möchte **Ihnen** Ana vorstellen.

▶ Wie bei den direkten Objektformen verwendet das EP für die 2. Person Plural *(vocês)*, *os senhores* und *as senhoras* unterschiedliche indirekte Objektformen, je nachdem, ob es sich um eine informelle oder formelle Anrede handelt.

| Ela contou-vos a novidade? | Hat sie **euch** die Neuigkeit erzählt? |
| Dr. Sá e Dr. Veiga, quero dar-lhes os parabéns pelo relatório. | Dr. Sá und Dr. Veiga, ich möchte **Ihnen** zu Ihrem Bericht gratulieren. |

Gebrauch der indirekten Objektpronomen im ⓑⓟ

Im gesprochenen ⓑⓟ wird die Form *lhe(s)* immer seltener verwendet. Andere Formen werden bevorzugt.

▶ Bei der Anrede wird häufig *te* (oft im Wechsel mit *você*) verwendet.

| Vera, você começa a trabalhar hoje? Eu te desejo muito sucesso. (*anstatt* eu lhe desejo) | Vera, fängst **du** heute an zu arbeiten? Ich wünsche **dir** viel Erfolg. |

▶ Sehr oft wird *lhe(s)* durch *para* oder *a* + Pronomen ersetzt.

| Desejo muitas felicidades a você/para você. (*anstatt* desejo-lhe) | Ich wünsche **dir** viel Glück. |

Objektpronomen nach Präpositionen

Formen

Nach Präpositionen sind die Formen identisch mit den Subjektpronomen mit Ausnahme von *mim* (für *eu*), *ti* (für *tu*) und *si*ᴱᴾ (für *você, o senhor/a senhora*).

		BP			EP		
			je nach Präposition			je nach Präposition	
	Subjektform	z. B. mit Präp. *para*	Dativ	Akkusativ	z. B. mit Präp. *para*	Dativ	Akkusativ
Singular	eu	mim	mir	mich	mim	mir	mich
	tu	ti	dir	dich	ti	dir	dich
	você	você	dir/Ihnen	dich/Sie	si	Ihnen	Sie
	o senhor/a senhora	o senhor/a senhora	Ihnen	Sie	si, o senhor/a senhora		
	ele/ela	ele/ela	ihm/ihr	ihn/sie/es	ele/ela	ihm/ihr	ihn/sie/es
Plural	nós	nós	uns	uns	nós	uns	uns
	vocês	vocês	euch/Ihnen	euch/Sie	vocês	euch/Ihnen	euch/Sie
	os senhores/as senhoras	os senhores/as senhoras	Ihnen	Sie	os senhores/as senhoras	Ihnen	Sie
	eles/elas	eles/elas	ihnen	sie	eles/elas	ihnen	sie

Gebrauch

A salada é para mim e para ele.	Der Salat ist **für mich** und **für ihn**.
Penso muito em você BP/si EP, Miguel.	Ich denke oft **an dich** BP/**Sie** EP, Miguel.
Ninguém pensou em nós.	Niemand hat **an uns** gedacht.

▶ *Si* für die formelle Anrede wird nur im EP verwendet.

Ela fala muito de si.	Sie spricht oft von **Ihnen** EP.

▶ Im rückbezüglichen Sinn wird *si*, oft verstärkt durch *mesmo* oder *próprio*, sowohl im BP als auch im EP verwendet.

Ela só fala de si mesma.	Sie spricht nur über **sich** BP/EP **selbst**.

▶ Um ein direktes bzw. indirektes Pronomen hervorzuheben, werden die Formen des Pronomens mit Präposition verwendet.

| Ele convidou-me a mim e não a ti. | Er hat **mich**, nicht **dich** eingeladen. |

▶ Die Präpositionen *de* und *em* verschmelzen mit *ele(s)*, *ela(s)* zu *nele, nela, neles, nelas* bzw. *dele, dela, deles, delas*.

| Eu penso neles. | Ich denke **an sie**. |
| Gosto dela. | Ich mag **sie**. |

▶ Die Präposition *com* verschmilzt mit einigen Pronomen.

	Subjektform	BP		EP	
Singular	eu	comigo	mit mir	comigo	mit mir
	tu	contigo	mit dir	contigo	mit dir
	você	**com você**	**mit dir/ Ihnen**	**consigo**	mit Ihnen
	o senhor/ a senhora	com o senhor/ a senhora	mit Ihnen	**consigo**, com o senhor/a senhora	
	ele/ela	com ele/ela	mit ihm/ihr	com ele/ela	mit ihm/ mit ihr
Plural	nós	conosco	mit uns	**connosco**	mit uns
	vocês	com vocês	mit euch/ Ihnen	com vocês	mit euch
	os senhores/ as senhoras	com os senhores/ as senhoras	mit Ihnen	**convosco** com os senhores/ as senhoras	mit Ihnen
	eles/elas	com eles/elas	mit ihnen	com eles/ elas	mit ihnen

Posso falar consigo EP/com você BP?	Kann ich **mit Ihnen** EP/**mit dir** BP sprechen?
Ele vai comigo ou contigo?	Fährt er **mit mir** oder **mit dir**?
Vou convosco EP/com vocês.	Ich fahre **mit Ihnen** EP/**mit euch**.

Stellung der unbetonten Objektpronomen

Die direkten und die indirekten Objektpronomen ohne Präposition (→ Übersicht, Seite 60) sind unbetonte Formen, d. h. sie kommen nur zusammen mit einem Verb vor und können **vor** oder **nach** diesem stehen.

Formale Veränderungen bei Nachstellung

▶ Wenn das Objektpronomen nach dem Verb steht, wird es mit diesem mit einem Bindestrich verbunden.

O Beto mandou-me um e-mail.	Beto hat **mir** eine E-Mail geschickt.

▶ Nach dem Infinitiv werden die direkten Objektpronomen -o(s), -a(s) zu -lo(s), -la(s). Das -r am Ende des Infinitivs fällt weg und die Infinitivendung -ar wird zu -á, -er zu -ê und -ir zu -i.

Vou comprar um livro. Vou comprá-lo hoje.	Ich werde ein Buch kaufen. Ich werde **es** heute kaufen.
A Ana quer vender a casa. Ela quer vendê-la agora.	Ana möchte ihr Haus verkaufen. Sie möchte **es** jetzt verkaufen.
A Carla vai abrir um bar. Ela vai abri-lo em maio.	Carla wird eine Bar aufmachen. Sie wird **sie** im Mai aufmachen.

▶ Auch nach -s und -z werden die direkten Objektpronomen -o(s), -a(s) zu -lo(s), -la(s).

Convidamos os vizinhos. Convidamo-los para jantar.	Wir laden die Nachbarn ein. Wir laden **sie** zum Abendessen ein.
Ele fez uma torta. Ele fê-la hoje.	Er hat eine Torte gebacken. Er hat **sie** heute gebacken.

▶ Nach Nasallauten werden die direkten Objektpronomen -o(s), -a(s) zu -no(s), -na(s).

Eles trazem os livros. Trazem-nos todos os dias.	Sie bringen die Bücher mit. Sie bringen **sie** jeden Tag mit.
Põe a mesa. Põe-na lá fora.	Deck den Tisch. Deck **ihn** draußen.

> Die Formen -lo(s), -la(s) und -no(s), na(s) werden im gesprochenen (BP) selten verwendet. Sie sind typisch für die formelle Schriftsprache.

Stellung der unbetonten Objektpronomen im BP und EP

Die Stellung der unbetonten Objektpronomen im BP und EP weicht am stärksten in der gesprochenen und in der informellen Schriftsprache voneinander ab. In der formellen Schriftsprache gelten für beide Varianten im Prinzip die gleichen Regeln.

Die Stellung der unbetonten Objektpronomen im BP

▶ Die normale Position der unbetonten Objektpronomen ist die **Voranstellung**, d.h. sie stehen vor dem Hauptverb. Bei Verbalperiphrasen mit Infinitiv und bei zusammengesetzten Verbformen stehen die unbetonten Objektpronomen ohne Bindestrich meistens zwischen den Verben.

Ela lhe deu um belo presente.	Sie gab **ihm/ihr** ein schönes Geschenk.
Vocês não podem me levar?	Könnt Ihr **mich** nicht mitnehmen?
Ela tinha se levantado cedo.	Sie war früh aufgestanden.

Bei Verbalperiphrasen mit Infinitiv können die Pronomen auch nach dem Infinitiv stehen. Solche Konstruktionen sind etwas formeller.
Quero dar-lhe os parabéns.   Ich möchte **dir** gratulieren.

Die Formen *o(s)*, *a(s)* werden in informellen Situationen selten gebraucht, wenn sie aber in Verbalperiphrasen mit Infinitiv vorkommen, ist die Stellung nach dem Infinitiv gebräuchlicher.
Vocês não podem abandoná-la.   Ihr könnt **sie** nicht verlassen.

▶ In der gesprochenen Sprache können die unbetonten Formen *me*, *te*, *lhe(s)*, *nos* – außer *o(s)*, *a(s)* – am Satzanfang stehen. In der formellen Schriftsprache wird jedoch die Regel beachtet, dass sie nicht am Satzanfang stehen dürfen.

Me empresta seu lápis? *(gesprochen)* Empresta-me seu lápis? *(geschrieben)*	Leihst du mir deinen Bleistift?

▶ In der Schriftsprache ist in einigen Fällen die Voranstellung vorgeschrieben. Die Regeln dafür sind prinzipiell die gleichen wie im EP. (→ Voranstellung, Seite 69)

Die Stellung der unbetonten Objektpronomen im EP

Nachstellung

▶ Die normale Position ist die **Nachstellung**, vorausgesetzt, der Satz enthält keine Elemente, die eine Voranstellung vorschreiben.

| Ela deu-me um belo presente. | Sie hat **mir** ein schönes Geschenk gegeben. |
| Convido-a para jantar? | Soll ich **sie** zum Essen einladen? |

▶ Bei zusammengesetzten Verben (Hilfsverb *ter* oder Passiv mit *ser*) stehen die Pronomen nach dem konjugierten Verb.

| Ela tinha-o visto no bar. | Sie hatte **ihn** in der Bar gesehen. |
| Foi-nos concedido o empréstimo. | **Uns** wurde der Kredit gewährt. |

▶ Bei Verbalperiphrasen mit Infinitiv kann das Pronomen entweder nach dem konjugierten Verb oder nach dem Infinitiv stehen, wobei Letzteres gebräuchlicher ist.

| Ele vai-lhes telefonar. *oder* Ele vai telefonar-lhes. | Er wird **sie** anrufen. |

▶ Bei Verbalperiphrasen mit Präpositionen steht das Pronomen entweder direkt nach der Verbalperiphrase oder nach dem Infinitiv.

| Eu **acabei de** os informar do sucedido. *oder* Eu **acabei de** informá-los do sucedido. | Ich habe **sie** gerade darüber informiert. |

Bei Verbalperiphrasen, in denen die Präposition *a* vorkommt, steht das Pronomen nach dem Infinitiv. Dies ist phonetisch bedingt.
A sopa? Estou a fazê-la.   Die Suppe? Ich mache **sie** gerade.

Voranstellung

In den folgenden Fällen ist die **Voranstellung** vorgeschrieben, allerdings können Pronomen **nie** am Anfang des Satzes stehen:

▶ bei der Verneinung.

Ela **não** me responde.	Sie antwortet **mir** nicht.
Nunca nos convidaram.	Sie haben **uns** nie eingeladen.

▶ nach Indefinitpronomen wie z. B. *alguém, ambos, pouco, todo, tudo*.

Alguém a ajudou?	Hat **ihr** jemand geholfen?
Todos nos dão conselhos.	Jeder gibt **uns** Ratschläge.

▶ in Fragesätzen mit Fragewörtern.

O que é que lhe contaste?	Was hast du **ihm/ihr** erzählt?

▶ nach einigen Adverbien wie z. B. *ainda, apenas, até, já, quase, sempre, só, talvez, também*.

Talvez a veja hoje.	Vielleicht sehe ich **sie** heute.

▶ in Nebensätzen.

Ele prometeu **que** me ajudava.	Er versprach, **mir** zu helfen.
Ela ficou preocupada **quando** a despediram.	Sie war besorgt, als man **sie** entließ.

Bei Verbalperiphrasen mit Infinitiv in Fällen, in denen Voranstellung vorgeschrieben ist, steht das Pronomen entweder vor dem konjugierten Verb oder nach dem Infinitiv.

Quando nos vens visitar? *oder*   Wann kommst du **uns** besuchen?
  Quando vens visitar-nos?

Nach Präpositionen (außer *a*) mit Infinitiv wird das Pronomen dem Infinitiv vorangestellt. Aber die Nachstellung kommt neuerdings auch vor.

Estive um ano **sem** o ver/**sem**   Ich habe **ihn** ein Jahr nicht
  vê-lo.   gesehen.

Stellung zwischen Verbstamm und Verbendung
▶ Im Futur und Konditional stehen die unbetonten Objektpronomen zwischen Verbstamm und Verbendung, vorausgesetzt, die Voranstellung ist nicht vorgeschrieben. Diese Formen kommen sowohl im EP als auch im BP selten vor.

Contar-lhe-ei tudo amanhã.	Ich werde **ihm** morgen alles erzählen.
Ajudá-los-ia se pudesse.	Ich würde **Ihnen** helfen, wenn ich könnte.

Verschmelzung von indirekten mit direkten Objektpronomen
▶ Die Formen der indirekten Objektpronomen können mit den Formen der direkten Objektpronomen der 3. Person *o(s), a (s)* verschmelzen.

indirektes Objekt	direktes Objekt	verschmolzene Form
me		mo(s), ma(s)
te		to(s), ta(s)
lhe	+ o(s), a(s)	lho(s), lha(s)
nos		no-lo(s), no-la(s)
vos		vo lo(s), vo la(s)
lhes		lho(s), lha(s)

Abgesehen von *no-lo* und *vo-lo* gehören diese auch zum informellen Standardgebrauch des EP.

A Luísa vai casar. Contou-mo a tua mãe.	Luísa wird heiraten. Deine Mutter hat **es mir** erzählt.
Esqueci-me do selo. Amanhã trago-lho.	Ich habe die Briefmarke vergessen. Morgen bringe ich **sie Ihnen**.

Im BP werden diese Formen nicht verwendet. Ein Objekt wird ausgelassen oder ersetzt.

A Luísa vai casar. A tua mãe me contou/me contou isso.	Luísa wird heiraten. Deine Mutter hat **es mir/mir das** erzählt.

Reflexivpronomen

Formen und Gebrauch

▶ Die Form des Reflexivpronomens für die 3. Person *ele(s)*, *ela(s)* einschließlich der Anrede *você(s)*, *o(s) senhor(es)* und *a(s) senhora(s)* ist *se*. In den anderen Personen haben die Reflexivpronomen die gleichen Formen wie die direkten Objektpronomen. (→ Seite 60)

▶ Die Reflexivpronomen werden zusammen mit einem reflexiven Verb gebraucht. Bei diesen Verben sind Subjekt und Objekt identisch. (→ Reflexive Verben, Seite 108 f.)

eu lembro-me	ich erinnere **mich**
tu lembras-te	du erinnerst **dich**
você/o senhor/a senhora lembra-se	Sie erinnern **sich**
ele/ela lembra-se	er/sie erinnert **sich**
nós lembramo-nos	wir erinnern **uns**
vocês/os senhores/as senhoras lembram-se	ihr erinnert **euch**/Sie erinnern **sich**
eles/elas lembram-se	sie erinnern **sich**

Im gesprochenen ⓑⓟ werden die Reflexivpronomen oft weggelassen.
Eu levanto cedo.   Ich stehe früh auf.
(*anstatt* eu me levanto)

▶ Bei Nachstellung fällt das *-s* der Verbendung *-mos* der 1. Person Plural weg.

Sentimo-nos bem aqui.	Wir fühlen **uns** hier wohl.

▶ Die Stellung der Reflexivpronomen folgt den gleichen Regeln wie bei den Objektpronomen. (→ Seite 65 ff.)

Não nos encontramos antes das 9.	Wir treffen uns nicht vor 9.
Chamo-me José. ᴱᴾ / Eu me chamo José. ᴮᴾ	Ich heiße José.

▶ Die Pluralformen der Reflexivpronomen können auch Reziprozität (Wechselseitigkeit) ausdrücken. Oft werden sie mit Ausdrücken wie *um (uns) ao(s) outro(s)* oder *mutuamente* verstärkt.

Eles sempre se ajudam mutuamente.	Sie helfen **sich** immer **gegenseitig**.

Konstruktion mit *se*

▶ Bei einer Konstruktion mit *se* hat das Verb zwar ein Subjekt, dieses bleibt aber unbestimmt. In solchen Sätzen hat das Verb kein direktes Objekt und steht im Singular.

Vive-se bem aqui.	**Man** lebt gut hier.

▶ Wenn das Verb ein direktes Objekt hat, bekommt der Satz mit *se* einen passiven Charakter: Das direkte Objekt wird zum Subjekt. Wenn das Subjekt im Plural steht, sollte daher auch das Verb im Plural stehen.

Bebe-se muita cerveja.	**Man** trinkt viel Bier. / Es **wird** viel Bier **getrunken**.
Alugam-se pranchas.	Surfbretter zu vermieten (**werden vermietet**).

Umgangssprachlich steht das Verb im ᴮᴾ und im ᴱᴾ häufig im Singular.

Aluga-se barcos.   Boote zu vermieten.

Die Possessiva

Die Possessiva drücken Besitz oder Zugehörigkeit aus.

1. Welche **Formen** haben die Possessiva?
2. Wie werden die Possessiva **gebraucht**?

Formen

Singular

	BP Mask.		BP Fem.		EP Mask.		EP Fem.	
eu	meu	mein	minha	meine	meu	mein	minha	meine
tu	teu	dein	tua	deine	teu	dein	tua	deine
você		**dein**, Ihr		**deine**, Ihre		Ihr		Ihre
o senhor/ a senhora	seu	Ihr	sua	Ihre	seu	Ihr	sua	Ihre
ele/ela		sein/ ihr		seine/ ihre		sein/ ihr		seine/ ihre
nós	nosso	unser	nossa	unsere	nosso	unser	nossa	unsere
vocês		euer		eure		euer		eure
os senhores/ as senhoras	seu	Ihr	sua	Ihre	**vosso** Ihr		**vossa** Ihr	Ihre
eles/elas		ihr		ihre	seu	ihr	sua	ihre

Plural

	BP Mask.	BP Fem.		EP Mask.	EP Fem.	
eu	meus	minhas	meine	meus	minhas	meine
tu	teus	tuas	deine	teus	tuas	deine
você			**deine**, Ihre			**Ihre**
o senhor/ a senhora	seus	suas	Ihre	seus	suas	
ele/ela			seine/ ihre			seine/ ihre
nós	nossos	nossas	unsere	nossos	nossas	unsere

Die Possessiva 73

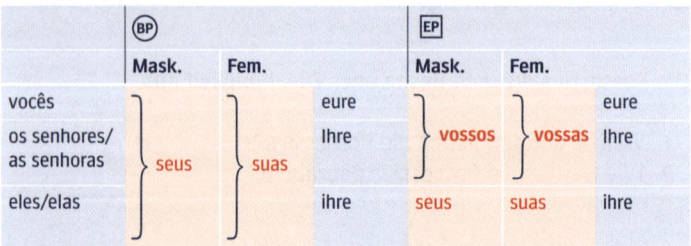

Gebrauch

Die Possessiva richten sich in Geschlecht und Zahl nach dem Substantiv, das sie begleiten. Gewöhnlich stehen sie vor dem Substantiv.

o meu carro – os meus carros	mein Auto – meine Autos
a minha casa – as minhas casas	mein Haus – meine Häuser
a sua tia – as suas tias	deine ᴮᴾ/Ihre/seine/ihre Tante – deine ᴮᴾ/Ihre/seine/ihre Tanten
a sua casa – as suas casas	dein ᴮᴾ/Ihr/sein/ihr Haus – deine ᴮᴾ/Ihre/seine/ihre Häuser
a vossa ᴱᴾ casa – as vossas ᴱᴾ casas	euer Haus – eure Häuser

Artikel vor dem Possessivum

▶ Im ᴱᴾ steht in der Regel der bestimmte Artikel vor dem Possessivum.

as minhas viagens	meine Reisen
o meu livro	mein Buch

▶ Im ᴮᴾ kann vor dem Possessivum der bestimmte Artikel stehen, muss aber nicht.

(as) minhas viagens	meine Reisen
(o) meu livro	mein Buch

Die Possessiva

▶ In den folgenden Fällen steht kein bestimmter Artikel vor dem Possessivum:

in prädikativer Funktion nach dem Verb *ser*	A culpa é minha.	Es ist **meine** Schuld. (wörtlich: Die Schuld ist **meine**.)
in Appositionen	O João, meu vizinho, comprou um carro novo.	João, **mein Nachbar**, hat ein neues Auto gekauft.
in Anreden	Minhas queridas amigas, quando é que vocês nos visitam?	**Meine lieben Freundinnen**, wann besucht ihr uns?
in festen Ausdrücken	Fui à festa, mas não por minha vontade.	Ich ging zur Party, aber **gegen meinen Willen**.

▶ Der Artikel steht immer, wenn das Substantiv ausgelassen wird.

As tuas filhas e **as** minhas querem ir dançar hoje.	Deine Töchter und **meine** (Töchter) wollen heute tanzen gehen.

▶ Possessiva mit einem unbestimmten Artikel werden in der Regel nachgestellt.

Um amigo meu mora em Angola.	Ein Freund **von mir** lebt in Angola.

▶ Im Portugiesischen werden die Possessiva sparsamer verwendet als im Deutschen. Wenn die Besitzverhältnisse eindeutig sind oder wenn man über die eigenen Familienmitglieder spricht, genügt der bestimmte Artikel.

Esqueci-me do passaporte.	Ich habe **meinen** Pass vergessen.
O Paulo levou os filhos ao cinema.	Paulo brachte **seine** Kinder ins Kino.

Die Formen *seu(s)*, *sua(s)* und *dele(s)*, *dela(s)*

Wie aus der Tabelle ersichtlich, werden die Formen *seu(s)*, *sua(s)* sowohl für die Anrede *você(s)*, *o(s) senhor(es)*, *a(s) senhora(s)* als auch für die 3. Person *ele(s)*, *ela(s)* gebraucht, was zu Missverständnissen führen kann. Diese werden vermieden, indem man für die 3. Person die Alternativform **Artikel + Substantiv + *dele(s)*, *dela(s)*** verwendet. Beachten Sie, dass *dele(s)*, *dela(s)* nach dem Substantiv steht.

		wörtlich
→ a casa dele	sein Haus	das Haus von ihm
→ a casa dela	ihr Haus	das Haus von ihr
→ a casa deles	ihr Haus	das Haus von ihnen
→ a casa delas		
→ os livros dele	seine Bücher	die Bücher von ihm
→ os livros dela	ihre Bücher	die Bücher von ihr
→ os livros deles	ihre Bücher	die Bücher von ihnen
→ os livros delas		

Como é que se chama o seu filho?	Wie heißt **dein**⁽ᴮᴾ⁾/**Ihr**⁽ᴱᴾ⁾ Sohn?
Como é que se chama o filho dele?	Wie heißt **sein** Sohn?

Possessiva bei der Anrede im ⒝⒫

▶ Die Formen *seu(s)*, *sua(s)* werden vorwiegend bei der Anrede einer Person *(você, o senhor, a senhora)* verwendet.

Pedro, onde sua família mora?	Pedro, wo wohnt **deine** Familie?
D. Paula, como vão seus filhos?	D. Paula, wie geht es **Ihren** Kindern?

Die gleichzeitige Verwendung von *você* und *teu(s)*, *tua(s)* kommt häufig vor.

| Você vai na frente e eu sigo teu carro. | **Du** fährst voraus und ich folge **deinem** Auto. |

Die Possessiva

▶ Bei der Anrede mehrerer Personen sind die Alternativformen **Artikel + Substantiv + *de vocês/do(s) senhor(es)/da(s) senhora(s)*** gebräuchlicher.

O carro de vocês é bonito.	**Euer** Auto ist schön. (*wörtlich:* das Auto von euch)
O táxi dos senhores já está aqui.	**Ihr** Taxi ist schon da. (*wörtlich:* das Taxi von Ihnen)

Possessiva bei der Anrede im EP

▶ Für die **informelle** Anrede einer Person *(tu)* werden die Formen *teu(s), tua(s)* gebraucht, für die **formelle** Anrede einer Person *(você, o senhor, a senhora)* die Formen *seu(s), sua(s)*.

(tu)	O teu irmão saiu.	**Dein** Bruder ist gegangen.
	A tua prima está aqui.	**Deine** Cousine ist hier.
	As tuas blusas estão ali.	**Deine** Blusen sind dort.
(você) (o senhor/ a senhora)	O seu irmão saiu.	**Ihr** Bruder ist gegangen.
	O seu anel é lindo.	**Ihr** Ring ist wunderschön.
	Eu levo as suas malas.	Ich trage **Ihre** Koffer.

Für die formelle, höfliche Anrede ist die Alternativform *do senhor/ da senhora* auch möglich.
Onde está o carro do senhor/ da senhora?   Wo ist **Ihr** Auto?

▶ Für die **informelle** *(vocês)* und die **formelle** *(os senhores, as senhoras)* Anrede mehrerer Personen werden die Formen *vosso(s), vossa(s)* gebraucht.

| (vocês) (os senhores/as senhoras) | Onde está o vosso carro? | Wo ist **euer/Ihr** Auto? |
| | As vossas toalhas estão ali. | **Eure/Ihre** Handtücher sind dort. |

Für die formelle, höfliche Anrede ist die Alternativform *dos senhores/das senhoras* auch möglich.
Onde está o carro dos senhores/das senhoras?   Wo ist **Ihr** Auto?

Die Possessiva

Die Demonstrativa

Demonstrativa haben eine hinweisende Funktion. Sie können Personen, Gegenstände und Sachverhalte räumlich und zeitlich lokalisieren.

1 Welche **Formen** haben die Demonstrativa?
2 Wie werden die Demonstrativa **gebraucht**?

Formen

unveränderlich	veränderlich				
	maskulin		feminin		
	Singular	Plural	Singular	Plural	
isto	este	estes	esta	estas	dieser/-e/-es, der/die/das
isso	esse	esses	essa	essas	
aquilo	aquele	aqueles	aquela	aquelas	

Unveränderliche Demonstrativa
▶ Die unveränderlichen Demonstrativa werden stellvertretend für ein Substantiv gebraucht.

• O que é isto?	• Was ist das?
▶ Isso são os novos catálogos.	▶ Das sind die neuen Kataloge.
Ele diz que repara isso hoje.	Er sagt, dass er es heute repariert.

Veränderliche Demonstrativa
▶ Die veränderlichen Demonstrativa begleiten ein Substantiv und passen sich ihm in Genus und Numerus an.

De quem é esta mala?	Wem gehört dieser Koffer?
Aquela janela está suja.	Dieses Fenster dort ist schmutzig.

Wenn ein Demonstrativpronomen vor zwei gleichen Substantiven steht, kann das zweite Substantiv ausgelassen werden.

Esse lugar está ocupado, mas este está livre.

Der Platz da ist besetzt, aber dieser (Platz) hier ist frei.

Verschmelzung mit Präpositionen

Demonstrativa verschmelzen mit den Präpositionen *de* und *em*. *Aquilo*, *aquele(s)* und *aquela(s)* verschmelzen auch mit der Präposition *a*.

Präposition		maskulin	feminin
de	disto	deste(s)	desta(s)
	disso	desse(s)	dessa(s)
	daquilo	daquele(s)	daquela(s)
em	nisto	neste(s)	nesta(s)
	nisso	nesse(s)	nessa(s)
	naquilo	naquele(s)	naquela(s)
a	àquilo	àquele(s)	àquela(s)

Gostei muito desse filme.	Mir hat **dieser** Film sehr gefallen.
Não pense mais nisso.	Denken Sie nicht mehr **daran**.

Weitere Demonstrativa

	maskulin	feminin	
Singular (Plural)	o(s)	a(s)	der-, die-, dasjenige (diejenigen)
	tal (tais)		ein solcher, eine solche, ein solches (solche)
	mesmo(s)	mesma(s)	der, die, das gleiche (die gleichen); der-, die-, dasselbe (dieselben)

Não acredito em tais coisas.	Ich glaube nicht an **solche** Dinge.
Trata-se da mesma pessoa.	Es handelt sich um die **gleiche** Person.

▶ Die Formen *o(s), a(s) + que* weisen auf Personen oder Sachen hin und sind Alternativformen zu *aquele(s) que, aquela(s) que* und *aquilo que*. Im Deutschen können sie mit „derjenige, der" etc. oder auch mit „wer/wen/was" wiedergegeben werden.

Os que (= aqueles que) chegarem tarde, ficam.	**Diejenigen, die** zu spät kommen, fahren nicht mit. / **Wer** zu spät kommt, fährt nicht mit.
O que (= aquilo que) vocês fizeram, é muito estúpido.	**Was** ihr getan habt, ist sehr dumm.

▶ Die Singularform *o que* kann sich außerdem auf einen ganzen Satz beziehen und bedeutet dann „was".

Não chove, o que é mau para as plantas.	Es regnet nicht, **was** für die Pflanzen schlecht ist.

Gebrauch

Räumliche und zeitliche Lokalisierung

Räumliche Lokalisierung

▶ Im Portugiesischen geben die Demonstrativa Nähe und Distanz im Hinblick auf die Gesprächspersonen an. Sie werden oft durch Ortsadverbien verstärkt.

Personal-pronomen	Demonstra-tiva	Orts-adverbien	
eu/nós	este/isto	aqui	in der Nähe des Sprechers
tu/você/vocês	esse/isso	aí	in der Nähe des Angesprochenen
ele(s)/ela(s)	aquele/aquilo	ali	vom Sprecher und Angesprochenen entfernt

• Este lenço (aqui) é lindo. E esse (aí) que tens na mão?	• **Dieses** Tuch (**hier**) ist schön. Und **das** (**da**), das du in der Hand hast?
▶ Este não, mas aquele (ali) no armário é lindíssimo.	▶ **Dieses** nicht, aber **das** (**dort**) im Schrank ist sehr schön.

Im Ⓑ🅟 wird der Unterschied zwischen *este* und *esse* oft nicht mehr beachtet, wobei eine Vorliebe für *esse* deutlich ist. Es wird nur zwischen *este/esse* und *aquele* unterschieden, vergleichbar mit dem Deutschen „dieser" vs. „jener".

Zeitliche Lokalisierung
▶ Der Hinweis auf Nähe oder Distanz kann auch zeitlicher Art sein.

Este fim de semana vamos à praia.	**Dieses** Wochenende gehen wir zum Strand.	zeitliche Nähe zum Zeitpunkt des Gesprächs
Quando eu era pequena, houve um incêndio na mata. Nesse dia tive muito medo.	Als ich klein war, gab es einen Waldbrand. **An diesem** Tag hatte ich große Angst.	zeitliche Nähe zum Erzählten
No início do séc. XX muitos japoneses emigraram para o Brasil. Naquela época o Brasil tinha falta de mão-de-obra.	Anfang des 20. Jh. emigrierten viele Japaner nach Brasilien. **In jener** Zeit mangelte es in Brasilien an Arbeitskräften.	Zeit des Erzählten ist weit entfernt von der Zeit des Gesprächs

Lokalisierung im Text
▶ Demonstrativa greifen Informationen im Text auf, die entweder vorher erwähnt wurden oder noch erwähnt werden.

Os turistas visitaram uma aldeia no Amazonas. ↖ Nessa aldeia vivia uma tribo ianomami.	Die Touristen haben **ein Dorf** am Amazonas besucht. **In diesem Dorf** lebte ein Stamm der Ianomami.

Para fazer uma caipirinha vocês precisam destes ingredientes: ↙ cachaça, limão, açúcar e gelo.	Um einen Caipirinha zu machen, braucht ihr diese Zutaten: Zuckerrohrschnaps, Limetten, Zucker und Eis.

▶ Mit Demonstrativa kann man vorher erwähnte Informationen einordnen. *Este/Esta* nehmen Bezug auf das zuletzt Erwähnte, *aquele/aquela* auf das zuerst Erwähnte.

No fim vinham as crianças e as mulheres: estas vestidas de preto e aquelas vestidas de branco.	Am Ende kamen die Kinder und die Frauen: Letzere in schwarz und Erstere in weiß gekleidet.

▶ Ausdrücke mit Demonstrativa:

além disso	außerdem	O hotel é bom e além disso é barato.	Das Hotel ist gut und außerdem preiswert.
isto é	das heißt	Ele tem 35 anos, isto é, vai fazer em abril.	Er ist 35 Jahre alt, das heißt, er wird es im April.
por isso	deshalb, deswegen	Estou gripado, por isso fico em casa.	Ich habe Grippe, deshalb bleibe ich zu Hause.
Isso!/Isso mesmo!	Genau!	• Hoje todo o mundo vai ver o jogo. ▶ Isso!	• Heute schauen alle das Spiel an. ▶ Genau!

Die Indefinita

Indefinita bezeichnen nicht näher bestimmte Personen, Sachen und Begriffe.

> 1 Welche sind **die wichtigsten Indefinita** und wie kann man sie **unterteilen**?
> 2 Wie werden die Indefinita **gebraucht** und **welche Besonderheiten** sind zu beachten?

Die wichtigsten Indefinita im Überblick

Unveränderliche Indefinita

Personen		Sachen		Personen und Sachen	
alguém	jemand	algo	etwas	cada	jeder/-e/-es
ninguém	niemand	nada	nichts	mais	mehr
		tudo	alles	menos	weniger

▶ Einige **unveränderliche** Indefinita stehen allein, d. h. sie stehen stellvertretend für ein Substantiv.

Alguém quer fazer uma pergunta?	Will **jemand** eine Frage stellen?

Einige begleiten ein Substantiv, aber passen sich ihm nicht an.

Mais mulheres estudam informática.	**Mehr** Frauen studieren Informatik.

Veränderliche Indefinita

todo(s), toda(s)	jeder/-e/-es, alle, ganz
algum(ns), alguma(s)	irgendein/-e, einige, mancher/-e/-es, manche
nenhum(ns), nenhuma(s)	keiner/-e/-es, keine
muito(s), muita(s)	viel, viele

pouco(s), pouca(s)	wenig, wenige
ambos, ambas	beide
outro(s), outra(s)	ein/-e anderer/-e/-es, andere
tanto(s), tanta(s)	so viel, so viele
qualquer, quaisquer	irgendein/-e, jeder/-e/-es, irgendwelche
certo(s), certa(s)	ein/-e gewisser/-e/-es, gewisse
vários, várias	verschiedene
um(uns), uma(s)	ein/-e, einige

▶ Die **veränderlichen** Indefinita begleiten ein Substantiv und richten sich in Numerus und/oder Genus nach ihm. Bei Wiederholung der Substantive kann das zweite ausgelassen werden.

Ela ganhou vários jogos.	Sie hat **verschiedene** Spiele gewonnen.
Ainda há algumas lojas abertas, outras já fecharam.	**Einige** Läden sind noch offen, **andere** (Läden) haben schon zu.

Die Fragewörter *quem* (wer), *o que/que* (was), *qual* (welcher/-e/-es), *quanto* (wie viel/-e), die auch zu den Indefinita gezählt werden können, werden im Kapitel „Die Interrogativa" behandelt.

Gebrauch und Besonderheiten der Indefinita

Unveränderliche Indefinita

Alguém, ninguém, algo, nada, tudo
▶ *Alguém* bezieht sich auf Personen, *algo* und *tudo* auf Sachen.

Alguém sabe o endereço da Ana?	Weiß **jemand** Anas Adresse?
Entendi tudo.	Ich habe **alles** verstanden.

In der gesprochenen Sprache wird anstatt *algo* der Ausdruck *alguma coisa* verwendet.

Vamos beber alguma coisa?	Gehen wir **etwas** trinken?

▶ *Ninguém* (Bezug auf Personen) und *nada* (Bezug auf Sachen) haben eine verneinende Funktion. Werden sie dem Verb nachgestellt, muss vor dem Verb zusätzlich ein Verneinungswort stehen (doppelte Verneinung).

Ninguém se interessa por isso.	**Niemand** interessiert sich dafür.
Ele **não** viu ninguém.	Er hat **niemanden** gesehen.
Nada lhe agrada.	**Nichts** gefällt ihm.
Não fiquei sabendo de nada.	Ich habe davon **nichts** erfahren.

▶ Die verneinende Antwort auf eine Frage mit *alguém* ist *ninguém*.

● Vocês conhecem alguém em Faro?	● Kennt ihr **jemanden** in Faro?
▶ Não, não conhecemos ninguém.	▶ Nein, wir kennen **niemanden**.

Cada

▶ *Cada* ist unveränderlich und begleitet in der Regel ein Substantiv oder steht als fester Ausdruck zusammen mit *um(a)*.

Cada sócia traz um bolo.	**Jedes** Mitglied bringt einen Kuchen mit.
Os alunos recebem um livro cada um.	**Jeder** Schüler bekommt ein Buch.

In der gesprochenen Sprache kann *cada* auch allein vorkommen.

Os melões custam €2 cada.	Die Melonen kosten €2 **pro Stück**.

„Jeden Tag" entspricht im Portugiesischen *todos os dias* (die Gesamtheit ist gemeint) oder *cada dia* (der einzelne Tag ist gemeint).

Todos os dias ela dá aulas de piano. Cada dia ela dá aulas numa escola diferente.	Sie gibt **jeden Tag** Klavierunterricht. **Jeden Tag** unterrichtet sie in einer anderen Schule.

Veränderliche Indefinita

Sie passen sich dem Substantiv an, das sie begleiten. Einige verändern sich in Genus und Numerus, andere nur im Numerus. Gewöhnlich stehen sie vor dem Substantiv.

Todo(s), toda(s)

▶ Diese Indefinita werden mit dem bestimmten Artikel oder einem Demonstrativpronomen verwendet. Sie können im Singular oder Plural, vor oder nach dem Substantiv stehen und werden im Deutschen unterschiedlich wiedergegeben.

Ela leu todas as revistas que lhe dei. (as revistas todas) (todas aquelas revistas)	Sie hat **alle** Zeitschriften gelesen, die ich ihr gegeben habe.
Toda a rua votou contra. (a rua toda)	Die **ganze** Straße stimmte dagegen.
Ela corre todos os dias 40 minutos. (*Nachstellung nicht üblich*)	Sie rennt **jeden** Tag 40 Minuten.

In den beiden letzten Beispielen ist im ⓑⓟ die Verwendung ohne Artikel möglich.
Toda rua votou contra.
Ela corre todo dia 40 minutos.

Algum, alguns, alguma(s)

▶ Im Singular bedeutet *algum* „irgendein/-e", „etwas", im Plural „einige", „manche".

O que se passa? Algum problema?	Was ist los? **Irgendein** Problem?
Algumas lojas não aceitam cartão de crédito.	**Einige/Manche** Läden nehmen keine Kreditkarte an.

Nenhum, nenhuns, nenhuma(s)

▶ Sie können vor oder nach dem Substantiv stehen. Im ⓑⓟ kommt die Pluralform *nenhuns, nenhumas* selten vor. Achten Sie auf die doppelte Verneinung.

Não li nenhum jornal hoje. (jornal nenhum)	Ich habe heute **keine** Zeitung gelesen.
Ele não fez nenhuns erros. (erros nenhuns)	Er hat **keine** Fehler gemacht.

▶ Auf eine Frage mit *algum* + Substantiv ist die verneinende Antwort *nenhum* + Substantiv, wobei das Substantiv ausgelassen werden kann.

• Vocês conhecem algum músico angolano? ▶ Não, não conhecemos nenhum.	• Kennt ihr **irgendeinen** angolanischen Musiker? ▶ Nein, wir kennen **keinen** (angolanischen Musiker).

Muito(s), muita(s) – pouco(s), pouca(s)

▶ Diese Indefinita werden dem Substantiv vorangestellt und können gesteigert werden.

Muitos alunos ficaram doentes.	**Viele** Schüler sind krank geworden.
Ela usa pouco sal na comida.	Sie kocht mit **wenig** Salz.
Pouquíssimas alunas faltaram.	**Ganz wenige** Schülerinnen fehlten.

Qualquer, quaisquer

▶ Sie stehen in der Regel vor dem Substantiv. In verneinten Sätzen haben sie die Bedeutung „(gar) kein/-e".

Aceito qualquer trabalho.	Ich nehme **irgendeine/jede** Arbeit an.
Ele não tem quaisquer direitos.	Er hat gar **keine** Rechte.

Ambos, ambas

▶ Sie werden nur im Plural verwendet und begleiten ein Substantiv, wobei zwischen ihnen und dem Substantiv der Artikel steht. Die Verwendung ohne Substantiv kommt auch vor.

Gosto de ambas as cores.	Ich mag **beide** Farben.
Ambos gostaram do filme.	Der Film hat **beiden** gefallen.

Im ⓑⓟ wird *ambos(as)* auch ohne Artikel verwendet.
Ambas soluções são possíveis.   **Beide** Lösungen sind möglich.

In der gesprochenen Sprache wird in beiden Varianten *os dois/as duas* bevorzugt.
Gosto das duas professoras.   Ich mag **beide** Lehrerinnen.

▶ Einige veränderliche Indefinita können auch ohne Substantiv gebraucht werden, wie in den folgenden Beispielen, aus denen ersichtlich ist, dass sie sich auf eine Gruppe von Personen beziehen.

Alguns (= algumas pessoas) votaram no candidato da oposição.	Einige stimmten für den Kandidaten der Opposition.
Muitos (= muitas pessoas) votaram no candidato do governo.	Viele stimmten für den Kandidaten der Regierung.
Todos (= todas a pessoas) votaram no candidato da oposição.	Alle stimmten für den Kandidaten der Opposition.
Poucos (= poucas pessoas) sabiam a resposta.	Wenige haben die Antwort gewusst.

Weitere Indefinita

Alguém quer mais vinho?	Will jemand **mehr** Wein?
Agora ela dá menos aulas.	Jetzt gibt sie **weniger** Unterricht.
O outro caminho é mais curto.	Der **andere** Weg ist kürzer.
Uns partem, outros chegam.	**Einige** gehen, **andere** kommen
Há tantas pessoas interessantes.	Es gibt **so viele** interessante Leute.
Eles têm vários problemas.	Sie haben **verschiedene** Probleme.
Certos detalhes não me agradam.	**Gewisse** Details gefallen mir nicht.

Die Interrogativa 11

Mit den Interrogativa (Fragewörtern) wird nach einer Information gefragt. Sie leiten direkte und indirekte Fragen ein.

1 Welche sind die gebräuchlichsten **Interrogativa**?
2 Wie werden Interrogativa **verwendet**?

Überblick über die Interrogativa

Begleiten kein Substantiv:	
quem?	wer?, wen?
o que/que?	was?
Begleiten ein Substantiv:	
que?	welcher/-e/-es?, welche? was für ein/-e?, was für?
qual, quais?	welcher/-e/-es?, welche?
quanto(s), quanta(s)?	wie viel?, wie viele?
Haben adverbialen Charakter:	
onde?	wo?
quando?	wann?
como?	wie?
quanto?	wie viel?
por que BP? porque EP?	warum?
para que?	wozu?

Die Interrogativa 89

Gebrauch

Die meisten Fragewörter können mit Präpositionen gebraucht werden.

Während im Ⓑⓟ die Subjektumstellung in der Regel nicht üblich ist, steht im ⓔⓟ in Fragesätzen mit Fragewörtern das Subjekt nach dem Verb. Wird jedoch nach dem Fragewort *é que* eingeschoben, kommt es zu keiner Umstellung. Da diese Satzstellung für beide Varianten gilt, werden hier aus praktischen Gründen alle Fälle, bei denen eine Subjektumstellung notwendig wäre, mit *é que* angegeben. Anzumerken ist noch, dass Fragesätze mit *é que* im gesprochenen Portugiesisch in beiden Varianten allgemein üblich sind. (→ Der Satz, Seite 171)

Unveränderliche Interrogativa

Quem? (wer?), *o que/que?* (was?)
▶ *Quem* bezieht sich auf Personen und *o que/que* auf Sachen. Sie begleiten kein Substantiv, d. h. sie stehen stellvertretend für ein Substantiv.

Quem viajou?	**Wer** ist verreist?
Com quem é que ele fala?	**Mit wem** spricht er?
O que/Que é isso?	**Was** ist das?
De que é que eles gostam?	**Was** mögen sie?

Que? (welche/-r/-s?, was für …?)
▶ *Que* bezieht sich auf Personen und Sachen. Es begleitet ein Substantiv, passt sich ihm aber weder im Genus noch im Numerus an.

Que ator português é que vocês conhecem?	**Welchen** portugiesischen Schauspieler kennt ihr?
Que livros é que ela comprou?	**Was für** Bücher hat sie gekauft?
Em que cidades é que ele já morou?	**In welchen** Städten hat er schon gewohnt?

Veränderliche Interrogativa

Qual?, quais? (welche/-r/-s?)

Sie werden für Personen und Sachen verwendet und passen sich im Numerus dem Substantiv an, auf das sie sich beziehen.

▶ Gebrauch vor Substantiven: Diese Konstruktion ist im ⓑⓟ üblich.

Quais livros desse autor a senhora já leu?	Welche Bücher dieses Autors haben Sie schon gelesen?
De qual autor o senhor gosta mais?	Welchen Autor mögen Sie lieber?

Im ⓔⓟ wird *que* (siehe oben) verwendet.
Que livros desse autor é que a senhora já leu?

▶ Gebrauch ohne Substantive: Diese Konstruktion ist in beiden Varianten üblich.

Qual é a sua mala?	Welcher ist dein ⓑⓟ/Ihr ⓔⓟ Koffer?
Quais são as opções?	Welche Optionen gibt es?

▶ Das Substantiv kann wegfallen, wenn es schon vorher erwähnt wurde. Das gilt für ⓑⓟ und ⓔⓟ.

• Já lemos alguns livros do Saramago.	• Wir haben schon einige Bücher von Saramago gelesen.
▶ Quais?	▶ Welche (Bücher)?

Quanto(s)?, quanta(s)? (wie viel/-e?)

▶ Sie passen sich in Genus und Numerus dem Substantiv an.

Quantos alunos faltam?	Wie viele Schüler fehlen?
Quanto tempo dura o filme?	Wie lange dauert der Film? (*wörtlich:* Wie viel Zeit dauert der Film?)
Para quantas pessoas é o peixe?	Für wie viele Personen ist der Fisch?

▶ Das Substantiv kann weggelassen werden, wenn es aus dem Kontext schon bekannt ist.

| • Tem ovos para fazer o bolo? | • Gibt es Eier für den Kuchen? |
| ▶ De quantos precisam? | ▶ **Wie viele** braucht ihr? |

Fragewörter mit adverbialem Charakter

Die Fragewörter *onde?*, *quando?*, *como?*, *quanto?* und *por que*ᴮᴾ*?/porque*ᴱᴾ*?* haben einen adverbialen Charakter und sind unveränderlich. Mit ihnen kann man Ort, Zeit, Art und Weise und Ursache erfragen.

Onde? (wo?)

Onde é que os alunos estão?	**Wo** sind die Schüler?
De onde/Donde ᴱᴾ é que a senhora é?	**Woher** sind/kommen Sie?
Para onde é que eles foram?	**Wohin** sind sie gegangen?

Im gesprochenen ᴮᴾ wird *cadê?* (= *onde está?*) häufig verwendet.
| Cadê o teu irmão? | **Wo ist** dein Bruder? |

Quando? (wann?)

Quando é que eles têm férias?	**Wann** haben sie Urlaub?
Desde quando é que ela mora aqui?	**Seit wann** wohnt sie hier?
Até quando é que ele fica no Porto?	**Bis wann** bleibt er in Porto?
Para quando é a reserva?	**Für wann** ist die Reservierung?

Como? (wie?)

▶ *Como* wird nicht mit Präpositionen gebraucht.

| Como é que vocês vão para o trabalho? | **Wie** geht ihr zur Arbeit? |

Quanto? (wie viel?)

Quanto é que custam as uvas?	**Wie viel** kosten die Trauben?
Por quanto fica o conserto do carro?	**Wie viel** kostet die Autoreparatur?

Por que[BP]?/porque[EP]? (warum?)

Por que[BP]/Porque[EP] é que ele não veio?	**Warum** kam er nicht?

Para que? (wozu?)

Para que trabalhamos tanto?	**Wozu** arbeiten wir so viel?

Beispiele für indirekte Fragen:

Ele perguntou quando ela vinha.	Er fragte, **wann** sie kommen würde.
Ela quer saber quantas pessoas ficam para jantar.	Sie möchte wissen, **wie viele** Personen zum Essen bleiben.
Ela pergunta quem faz o relatório.	Sie fragt, **wer** den Bericht schreibt.

Die Relativpronomen

Relativpronomen verbinden zwei Sätze (Haupt- und Nebensatz), indem sie im Nebensatz (Relativsatz) auf ein Element des Hauptsatzes Bezug nehmen. Dieses Bezugswort steht direkt vor dem Relativpronomen.

1 Welche **Relativpronomen** gibt es?
2 Wie werden die **unveränderlichen** Relativpronomen **gebraucht**?
3 Wie werden die **veränderlichen** Relativpronomen **gebraucht**?
4 Welche Typen von **Relativsätzen** gibt es?
5 Wie werden Relativsätze **umgangssprachlich gebraucht**?

Formen

Unveränderliche Relativpronomen

Bezug auf		
Personen oder Sachen:	que	der, die, das / welcher/-e/-es
nur Personen:	quem	wer / derjenige, der
nur Sachen:	onde	wo / in dem, in der

Veränderliche Relativpronomen

Bezug auf Personen oder Sachen:	
o qual, a qual os quais, as quais	der, die, das / welcher/-e/-es die / welche
cujo, cuja cujos, cujas	dessen, deren deren
quanto, quanta quantos, quantas	wie viel wie viele

Gebrauch der unveränderlichen Relativpronomen

Que

▶ *Que* ist das meistgebrauchte Relativpronomen. Es bezieht sich sowohl auf Personen als auch auf Sachen. Im Relativsatz hat *que* die Funktion des Subjekts bzw. Objekts oder einer Adverbialbestimmung (zusammen mit einer Präposition).

Conheço o senhor que teve o acidente.	Ich kenne den Mann, **der** den Unfall hatte.
O copo que está na mesa é meu.	Das Glas, **das** auf dem Tisch steht, gehört mir.
O avião em que ele viajou chegou atrasado.	Das Flugzeug, **mit dem** er flog, hatte Verspätung.

Präpositionen, vor allem die Präposition *de*, werden in der gesprochenen Sprache oft weggelassen.

A música é a disciplina (de) que ela mais gosta.	Musik ist ihr Lieblingsfach. (*wörtlich:* das Fach, **das** sie am meisten mag)

Quem

▶ *Quem* bezieht sich nur auf Personen und kann mit oder ohne Bezugswort verwendet werden. Mit Bezugswort wird es meistens in Verbindung mit Präpositionen gebraucht.

Quem quiser pode ir embora.	**Wer** möchte, kann weggehen.
Ela ajuda quem mais precisa.	Sie hilft **demjenigen, der** es am meisten braucht.
Esta é a mulher por quem estou apaixonado.	Das ist die Frau, **in die** ich verliebt bin.

Im informellen Sprachgebrauch wird *quem* als Objekt oft durch *que* ersetzt.

| Este é o cliente de quem/de que lhe falei. | Das ist der Kunde, **von dem** ich Ihnen erzählt habe. |

In Verbindung mit der Präposition *sem* wird *quem* aus phonetischen Gründen meistens durch *o/a qual, os/as quais* ersetzt.

| Esta é a minha secretária, sem a qual não posso trabalhar. | Das ist meine Sekretärin, **ohne die** ich nicht arbeiten kann. |

Onde

▶ Als Relativpronomen steht *onde* für *o lugar em que* (der Ort, an dem). Es kann mit oder ohne Präpositionen verwendet werden.

| O hotel onde (= em que) estamos tem piscina. | Das Hotel, **wo** (= in dem) wir sind, hat ein Schwimmbad. |
| A firma para onde ele foi trabalhar é mais inovadora. | Die Firma, **bei der** er jetzt arbeitet, ist innovativer. (*wörtlich*: **zu der** er ging, um zu arbeiten) |

Gebrauch der veränderlichen Relativpronomen

Diese Relativpronomen werden fast ausschließlich in der Schriftsprache verwendet und beziehen sich sowohl auf Personen als auch auf Sachen.

O qual, a qual, os quais, as quais

▶ Dieses Pronomen hat eine Pluralform. Der Artikel, der Bestandteil des Pronomens ist, passt sich in Genus und Numerus dem Substantiv, auf das er sich bezieht, an.

| Esses são os motivos pelos quais o ministro se demitiu. | Das sind die Gründe, **weshalb** der Minister zurückgetreten ist. |
| A notícia segundo a qual a inflação subiu é falsa. | Die Nachricht, **derzufolge** die Inflation angestiegen sei, ist falsch. (*wörtlich:* laut **der**) |

Umgangssprachlich wird *o qual* nur mit Präpositionen verwendet und kann durch *que* ersetzt werden.

Ela tem um blogue no qual/em que escreve sobre cinema.	Sie hat einen Blog, **in dem** sie über Filme schreibt.

▶ Da *que* unveränderlich ist, kann das Bezugswort nicht immer eindeutig bestimmt werden. Durch *o qual*, *a qual* wird der eindeutige Bezug hergestellt.

Fale com a colega do Dr. Vaz, que devia ter tratado do assunto.	Sprechen Sie mit der Kollegin von Dr. Vaz, **die/der** sich um die Angelegenheit hätte kümmern sollen.
Fale com a colega do Dr. Vaz, o qual devia ter tratado do assunto.	Sprechen Sie mit der Kollegin von Dr. Vaz, **der** sich um die Angelegenheit hätte kümmern sollen.

Cujo(s), cuja(s)

▶ Anders als im Deutschen richtet sich dieses Pronomen in Genus und Numerus nicht nach dem Bezugswort, sondern nach dem Substantiv, das ihm direkt folgt.

A senhora cujo carro foi roubado é professora nesta escola.	Die Frau, **deren** Auto gestohlen wurde, unterrichtet an dieser Schule.

Quanto(s), quanta(s)

Als Relativpronomen wird *quanto* nur in bestimmten Verbindungen gebraucht.

Li tudo quanto (= o que) queria.	Ich habe **alles** gelesen, **was** ich wollte.
● Posso comer uma pera? ▶ Claro, tantas quantas quiser.	● Darf ich eine Birne essen? ▶ Klar, **so viele** Sie wollen.

Relativsätze

Relativsätze sind durch Relativpronomen eingeleitete Nebensätze.

Restriktive und nicht restriktive Relativsätze

▶ Bei den **restriktiven Relativsätzen** wird eine Information vermittelt, die für das Verständnis des Hauptsatzes notwendig ist, da der Relativsatz die Gesamtgruppe auf ein Element einschränkt. Anders als im Deutschen werden restriktive Relativsätze **nicht durch Komma** getrennt.

O meu irmão que é arquiteto divorciou-se.	Mein Bruder, der Architekt ist, hat sich scheiden lassen.	Ich habe mehrere Brüder. Die Information im Relativsatz bezieht sich nur auf den Bruder, der Architekt ist.

▶ Bei den **nicht restriktiven** (= erläuternden) **Relativsätzen** wird eine zusätzliche Information vermittelt, die für das Verständnis des Hauptsatzes nicht unbedingt notwendig ist. Diese Art von Relativsätzen wird **durch Komma** getrennt.

O meu irmão, que é arquiteto como o senhor, abriu um escritório.	Mein Bruder, der wie Sie Architekt ist, hat ein Büro eröffnet.	Ich habe einen Bruder, der ein Büro eröffnet hat. Dass er Architekt ist, ist nur eine zusätzliche Information über ihn.

Andere Arten von Relativsätzen

Einige Relativsätze haben kein Bezugswort. Diese übernehmen im Hauptsatz die Funktion (z. B. Subjekt oder Objekt), die vom Verb des Hauptsatzes verlangt wird.

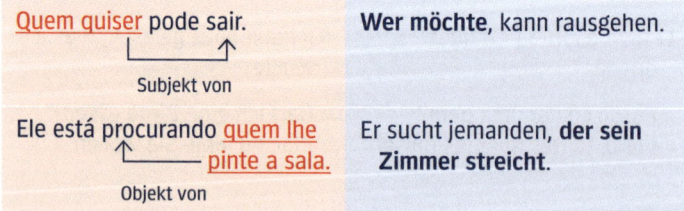

Quem quiser pode sair. Subjekt von	**Wer möchte**, kann rausgehen.
Ele está procurando quem lhe pinte a sala. Objekt von	Er sucht jemanden, **der sein Zimmer streicht**.

Modus in Relativsätzen

Das Verb des Relativsatzes kann entweder im Indikativ oder im Konjunktiv stehen. Es steht im **Indikativ**, wenn sich der Sprecher auf etwas oder jemanden bezieht, das/der wirklich existiert. Es steht dagegen im **Konjunktiv**, wenn sich der Sprecher auf einen hypothetischen Gegenstand oder eine Person bezieht, der/die nicht notwendigerweise existiert. (→ Der Satz, Seite 173)

Eles vivem numa casa que fica no centro.	Sie wohnen in einem Haus, das im Zentrum ist.
Eles querem comprar uma casa que fique no centro.	Sie möchten ein Haus kaufen, das im Zentrum ist (*wörtlich*: sein sollte).

Relativsätze im umgangssprachlichen Gebrauch

Im gesprochenen Portugiesisch wird der Gebrauch der Relativpronomen zunehmend auf *que* beschränkt. Dabei entstehen neue Strategien, um Relativsätze zu bilden:

▶ Wegfall der Präposition vor dem Relativpronomen.

A rua em que eu moro … → A rua que eu moro …	Die Straße, **in der** ich wohne …

▶ Das wiederaufgenommene Element wird nach dem Verb des Relativsatzes durch ein Pronomen wiederholt. Solche Relativsätze sind im (BP) viel häufiger als im (EP).

O vizinho de que eu falei não mora mais aqui. → O vizinho que eu falei dele não mora mais aqui.	**Der Nachbar, von wem** ich gesprochen habe, wohnt nicht mehr hier.

Das Verb

Das Verb (auch „Zeitwort" genannt) bildet den Kern des Satzes. Mit einem Verb werden Tätigkeiten, Vorgänge oder Zustände ausgedrückt.

> 1 Welche sind die allgemeinen **Merkmale** des Verbs, wie können die Verben **eingeteilt** werden und was ist beim Gebrauch von *ser* und *estar* zu beachten?
> 2 Wie werden die verschiedenen Zeiten des **Indikativs** gebildet und gebraucht?
> 3 Wie wird der **Konditional** gebildet und gebraucht?
> 4 Wie werden die verschiedenen Zeiten des **Konjunktivs** gebildet und gebraucht?
> 5 Wie wird der **Imperativ** gebildet und gebraucht?
> 6 Was versteht man unter **Nominalformen** und wie werden sie gebraucht?
> 7 Wie werden **Passivsätze** gebildet und wie werden sie gebraucht?

Einführung

Merkmale des Verbs

Das Verb bestimmt im Satz die Anzahl der notwendigen und fakultativen Satzglieder wie z. B. das Subjekt, das direkte oder indirekte Objekt, das Präpositionalobjekt etc. (→ Der Satz, Seite 165)

Die Verben werden konjugiert, d. h. die Formen verändern sich, um Modus, Tempus, Person und Numerus auszudrücken.

▶ **Modus**: Durch den Modus wird die Einstellung des Sprechers zum Gesagten ausgedrückt. Es werden vier Modi unterschieden: Indikativ, Konditional, Konjunktiv und Imperativ. Außerdem gibt es noch die nominalen Formen des Verbs: Infinitiv, Gerundium und Partizip.

▶ **Tempus** (Zeit): Durch die Verbformen können Handlungen und Ereignisse zeitlich in Gegenwart, Vergangenheit und Zukunft eingeordnet werden. Die wichtigsten Zeiten sind Präsens, einfaches Perfekt, Imperfekt, Plusquamperfekt und Futur. Man unterscheidet einfache *(trabalhei)* und zusammengesetzte Zeiten *(tinha trabalhado)*.

▶ Durch die **Aktiv-/Passivkonstruktion** können Handlungen oder Vorgänge aus verschiedenen Perspektiven dargestellt werden. (→ Das Passiv, Seite 144)

▶ **Person** und **Numerus** sind an den Verbendungen erkennbar. Für jede Person gibt es in der Regel eine entsprechende Verbendung. Darin sind sich das Deutsche und das Portugiesische ähnlich.

Zahl	Personen	Endung für jede Person	
Singular	eu	falo	ich spreche
	tu	falas	du sprichst
	ele/ela	fala	er/sie spricht
	você		du sprichst/Sie sprechen
	o senhor/ a senhora		Sie sprechen
Plural	nós	falamos	wir sprechen
	vocês	falam	ihr sprecht
	eles/elas		sie sprechen
	os senhores/ as senhoras		Sie sprechen

Bei der Anrede gibt es außer *tu* die Alternativformen *você*, *o senhor*, *a senhora* etc. Die zugehörige Verbform ist die 3. Person Singular. Für die Anrede mehrerer Personen ist *vós* veraltet, stattdessen werden *vocês*, *os senhores*, *as senhoras* etc. verwendet. (→ Die Personalpronomen, Seite 54) Die entsprechende Verbform ist die 3. Person Plural. Aus Platzgründen werden diese Alternativformen in den Verbtabellen nicht aufgeführt.

Die drei Konjugationen
Nach den Infinitivendungen unterscheidet man im Portugiesischen drei Konjugationen. Zur 1. Konjugation gehören die Verben mit der Infinitivendung *-ar (trabalhar)*. Zur 2. Konjugation gehören die Verben auf *-er (vender)*. Die Verben auf *-ir (abrir)* bilden die 3. Konjugation.

Verbstamm
Der Verbstamm ist der Teil des Verbs ohne die Infinitivendung: trabalh-, beb-, abr-.

Regelmäßige Verben
Bei den regelmäßigen Verben bleibt der Verbstamm unverändert. An den Verbstamm werden die Endungen angehängt. Alle regelmäßigen Verben, die auf *-ar* enden, werden wie *falar* konjugiert. Alle regelmäßigen Verben auf *-er* werden wie *beber* und alle auf *-ir* werden wie *partir* konjugiert. (→ Verbtabelle 1, Seite 188 ff.)

Infinitiv	Stamm	Stamm + Endungen
falar, beber, partir	fal-, beb-, part-	falo, falei, falava, falado, etc. bebo, bebi, bebia, bebido, etc. parto, parti, partia, partido, etc.

Unregelmäßige Verben
Bei den unregelmäßigen Verben kann sich der Verbstamm ändern. Einige Verben weisen geringfügige Unregelmäßigkeiten auf, z. B. nur in der 1. Person Singular Indikativ Präsens, in den anderen Personen sind sie regelmäßig. (→ Verbtabelle 2, Seite 192 ff.)

Infinitiv	dormir (schlafen)	pedir (bitten)
Indikativ Präsens	eu durmo ele dorme nós dormimos	eu peço ele pede nós pedimos

Einige Verben weisen größere Unregelmäßigkeiten beim Verbstamm und oft auch bei den Endungen auf. (→ Verbtabelle 3, Seite 195 ff.)

unregelmäßig

Infinitiv	**fazer** (machen)
Indikativ Perfekt	eu fiz tu fizeste ele fez

Orthographische Veränderungen
Bei einigen Verben gibt es aufgrund orthographischer Regeln Veränderungen in der Schreibweise. Ansonsten sind sie regelmäßig.

c(a,o,u) → qu(e,i)	marcar	markieren	marquei
g(a,o,u) → gu(e,i)	ligar	verbinden	liguei
ç(a,o,u) → c(e,i)	abraçar	umarmen	abracei
c(e,i) → ç(a,o,u)	conhecer	kennen(lernen)	conheço
gu(e,i) → g(a,o,u)	seguir	folgen	sigo
g(e,i) → j(a,o,u)	reagir	reagieren	reajo

Einteilung der Verben

Vollverben
Vollverben haben eine eigene Bedeutung und bilden den Kern des Satzes.

▶ Einige Verben haben weder Subjekt noch Objekt (→ Seite 112).

Neva. / Chove.	**Es schneit**. / **Es regnet**.

▶ Die meisten Verben haben ein Subjekt und ein oder zwei Objekte. Direkte Objekte schließen sich dem Verb direkt, indirekte mit Präpositionen an. Einige Verben verlangen außer dem Subjekt eine Ortsangabe als Ergänzung.

A campainha toca. Subjekt + Verb	Die Klingel **läutet**.
A Ana compra um livro. Subjekt + Verb + direktes Objekt	Ana **kauft** ein Buch.

Ele dá um livro ao pai.	Er **gibt** seinem Vater ein Buch.
Subjekt + Verb + direktes Objekt + indirektes Objekt	

Ela mora em Faro.	Sie **wohnt** in Faro.
Subjekt + Verb + Ortsangabe	

▶ In den obigen Sätzen sind die jeweiligen Satzglieder notwendig. So ist der Satz unvollständig, wenn man nur *a Ana compra* oder *ele dá um livro* sagt. Die Satzglieder dürfen nicht weggelassen werden, es sei denn, sie sind aus der Gesprächssituation erschließbar *(O que é que ele dá ao pai? → Ele dá um livro.)*. Im folgenden Beispiel sind dagegen die Satzglieder in Klammern fakultativ.

Ela vendeu o carro (ao vizinho) (por um bom preço).	Sie hat (dem Nachbarn) ihr Auto (zu einem guten Preis) verkauft.

Einige Beispiele:
Verben, die ein direktes Objekt verlangen: *aprender* (lernen), *comprar* (kaufen), *convidar* (einladen), *ver* (sehen), *visitar* (besuchen) etc.

Verben, die ein direktes (*alguma coisa:* etwas) und ein indirektes Objekt (*a alguém:* jemandem) verlangen: *oferecer* (anbieten), *dizer* (sagen), *pedir* (bitten), *mostrar* (zeigen) etc.

Verben, die eine Präposition verlangen: *gostar de* (mögen), *confiar em* (vertrauen auf), *pensar em* (denken an), *depender de* (abhängen von) etc.

Verben, die ein indirektes Objekt mit *a/para* verlangen: *perguntar a/para* (fragen), *responder a/para* (antworten), *telefonar a/para* (telefonieren) etc.

Ob ein Verb eine Präposition verlangt oder nicht und welche, ist im Portugiesischen und im Deutschen oft verschieden.

▶ Einige Verben wie *ser* und *estar* haben nur eine verbindende Funktion zwischen Subjekt und einer Eigenschaft. (→ *Ser* und *estar*, Seite 109)

| Subjekt + Prädikativ | A menina é bonita. | Das Mädchen **ist** hübsch. |
| Subjekt + Prädikativ | Ele está preocupado. | Er **ist** besorgt. |

Hilfsverben

Wie im Deutschen werden einige Vollverben als Hilfsverben verwendet. Die wichtigsten sind *ter* (haben), *ser/estar* (sein) und *ir* (gehen). (→ Verbtabelle 3, Seite 195 f.) Sie bilden mit den Vollverben im Infinitiv, Gerundium oder Partizip die zusammengesetzten Zeiten. Die Veränderungen von Person-Numerus und Modus-Zeit werden jeweils von den Hilfsverben getragen.

Perfekt: *ter* + Partizip Perfekt

| Ultimamente ele tem ido à sauna. | In letzter Zeit **geht** er in die Sauna. |

Futur: *ir* + Infinitiv

| Ela vai viajar no verão. | Sie **wird** im Sommer **verreisen**. |

Verlaufsform: *estar* + Gerundium oder *estar* + *a* + Infinitiv

| Ela está telefonando. / Ela está a telefonar. ᴱᴾ | Sie **telefoniert gerade**. |

Zustandspassiv: *estar* + Partizip Perfekt

| As compras estão feitas. | Die Einkäufe **sind gemacht**. |

Vorgangspassiv: *ser* + Partizip Perfekt

| O bolo foi feito pela Eva. | Der Kuchen **wurde** von Eva **gebacken**. |

Funktionsverben

Wie im Deutschen gibt es viele Verben, die ihre spezifische Bedeutung erst im Verbund mit einem Substantiv oder Adjektiv erhalten. Für den Lerner ist es sehr hilfreich, diese Verben zusammen mit dem jeweiligen Substantiv bzw. Adjektiv zu lernen. Einige Beispiele:

fazer estágio	ein Praktikum machen
fazer ginástica	Gymnastik machen
dar certo	klappen
dar errado	nicht klappen
tomar_BP_/apanhar_EP_ um avião	ein Flugzeug nehmen

Modalverben

Wie im Deutschen werden Modalverben zusammen mit einem Infinitiv verwendet. Beide Verben haben immer das gleiche Subjekt. Anders als im Deutschen stehen Modalverben und Infinitiv immer hintereinander. Mit den Modalverben kann Folgendes ausgedrückt werden:

poder
▶ Erlaubnis

Aqui não se pode fumar.	Hier **darf** man nicht rauchen.

▶ Möglichkeit

Posso fazer as compras hoje.	Ich **kann** heute die Einkäufe machen.

▶ naturgegebene Fähigkeiten

Os peixes podem respirar na água.	Fische **können** im Wasser atmen.

saber
▶ Für erlernte Fähigkeiten wird dagegen *saber* verwendet.

Eu sei mergulhar.	Ich **kann** tauchen.

ter que/de
▶ Notwendigkeit, Zwang

Ele tem que/de ir a uma reunião.	Er **muss** zu einer Besprechung gehen.

precisar
▶ Notwendigkeit

| Ela precisa comprar ᴮᴾ/de ᴱᴾ comprar cerveja. | Sie **muss** Bier kaufen. |

dever
▶ Empfehlung, Rat

| Vocês deviam comer menos. | Ihr **solltet** weniger essen. |

▶ Wahrscheinlichkeit, Vermutung

| A viagem não deve ficar cara. | Die Reise **dürfte** nicht teuer sein. |

querer
▶ Wille, Wunsch

| Ela quer estudar em Lisboa. Eu queria falar com a Paula. | Sie **will** in Lissabon studieren. Ich **möchte** mit Paula sprechen. |

gostar de
▶ mögen, Wunsch(denken)

| Eu gosto de queijo. Gostaria/Gostava ᴱᴾ de ser rico. | Ich **mag** Käse. Ich **wäre gern** reich. |

Verbalperiphrasen
Einige Vollverben bilden verbale Ausdrücke mit einem Hauptverb im Infinitiv oder Gerundium. Viele bringen ihre Grundbedeutung mit und drücken dabei verschiedene zusätzliche Aspekte aus.

▶ *começar a* + Infinitiv – drückt den Beginn einer Handlung aus.

| Comecei a dançar em 1998. | Ich **habe** 1998 **angefangen zu** tanzen. |

▶ *desistir de* + Infinitiv – drückt den Abbruch einer Handlung aus.

| Ele desistiu de estudar. | Er **hat** das Studium **abgebrochen**. |

▶ *acabar de* + Infinitiv – die Handlung wird kurz vor dem Moment des Sprechens abgeschlossen.

| O chefe acabou de chegar. | Der Chef **ist soeben** angekommen. |

▶ *deixar de* + Infinitiv – eine gewohnte Handlung wird nicht mehr fortgeführt.

| Ela deixou de fumar. | Sie **hat aufgehört zu** rauchen. |

▶ *haver de* + Infinitiv – drückt eine Absicht aus.

| Um dia hei de ir ao Brasil. *(Im ⓑⓟ wenig gebräuchlich.)* | Eines Tages **werde** ich **bestimmt** nach Brasilien gehen. |

▶ *continuar* + Gerundium/*a* + Infinitiv – drückt die Fortdauer einer Handlung aus.

| Ela continua trabalhando ⓑⓟ/a trabalhar ⓔⓟ na mesma escola. | Sie **arbeitet weiterhin** an der gleichen Schule. |

Reflexive Verben
Reflexive Verben haben ein Reflexivpronomen, das Bestandteil des Verbs ist und nicht weggelassen werden kann.

| Todos se interessam por futebol. Só me lembro da casa. | Alle **interessieren sich** für Fußball. Ich **erinnere mich** nur an das Haus. |

Formen
▶ Die Reflexivpronomen können vor oder nach dem Verb stehen. Bei Nachstellung fällt das *-s* der Verbendung *-mos* der 1. Person Plural weg. (→ Die Reflexivpronomen, Seite 71) Hier ein Konjugationsbeispiel *(interessar-se)*:

	BP	EP
eu	me interesso	interesso-me
tu	te interessas	interessas-te
ele/ela	se interessa	interessa-se
nós	nos interessamos	interessamo-nos
eles/elas	se interessam	interessam-se

Weitere Beispiele: *apaixonar-se por* (sich verlieben in), *arrepender-se de* (bereuen), *despedir-se de* (sich verabschieden von), *lembrar-se de* (sich erinnern an), *sentir-se* (sich fühlen).

▶ Einige Verben, die im Portugiesischen reflexiv sind, sind im Deutschen nicht-reflexiv und umgekehrt, z. B.:

reflexiv nur im Portugiesischen		reflexiv nur im Deutschen	
chamar-se	heißen	agradecer	**sich** bedanken
esquecer-se (de)	vergessen	conversar	**sich** unterhalten
levantar-se	aufstehen	descansar	**sich** ausruhen

Ser und *estar*

Ser bezeichnet eine wesentliche Eigenschaft oder einen dauerhaften Zustand, *estar* dagegen eine nicht-dauerhafte Eigenschaft oder einen vorübergehenden Zustand.

Der Gebrauch von *ser*
Mit *ser* wird/werden ausgedrückt
▶ alles, was zur Identifizierung dient: Name, Herkunft, Beruf, Nationalität, Charakter und Aussehen.

O Sr. Sá é de Lisboa.	Herr Sá **ist** aus Lissabon.
Ela é alemã.	Sie **ist** Deutsche.
Ele é cantor.	Er **ist** Sänger.
O meu chefe é muito competente.	Mein Chef **ist** sehr kompetent.
Cecília é morena.	Cecília **ist** brünett.

▶ Definitionen und dauerhafte Eigenschaften von Sachen wie Größe, Farbe und Material.

A mandioca é uma raiz.	Maniok ist eine Wurzel.
As paredes da sala são altas.	Die Zimmerwände sind hoch.
O casaco é de couro.	Die Jacke ist aus Leder.

▶ Datum und Uhrzeit.

Ontem foi dia 7 de agosto.	Gestern war der 7. August.
São três horas.	Es ist drei Uhr.

▶ unveränderliche Ortsangaben.

Macapá é no norte do Brasil.	Macapá ist in Nordbrasilien.

▶ das Passiv.

A foto foi tirada ontem.	Das Foto wurde gestern gemacht.

Der Gebrauch von *estar*

Mit *estar* werden ausgedrückt
▶ veränderliche Ortsangaben.

A mala está no hotel.	Der Koffer ist im Hotel.

▶ veränderliche Zustände (Befinden, Wetter).

Como está o senhor, Sr. Silva?	Wie geht es Ihnen, Herr Silva?
Hoje não está quente.	Heute ist es nicht heiß.

▶ momentane, veränderliche Eigenschaften, oft im Zusammenhang mit bestimmten Ausdrücken und Adjektiven, die einen veränderlichen Zustand andeuten.

A sopa hoje está salgada.	Die Suppe ist heute salzig.
A Ana esteve doente.	Ana war krank.
Estou com fome/sede.	Ich bin hungrig/durstig.
Estou com vontade de sair.	Ich habe Lust auszugehen.
Elas estão contentes/prontas.	Sie sind zufrieden/fertig.

Wendungen mit *estar com* können alternativ mit *ter* ausgedrückt werden.
Tenho fome. Tenho sede.

▶ als Hilfsverb zur Bildung der Verlaufsform und des Zustandspassivs.

Eva está arrumando/a arrumar⁽ᴱᴾ⁾ a casa.	Eva räumt gerade das Haus auf.
A porta está aberta.	Die Tür **ist** offen.

Ser – estar im Vergleich

O vizinho é doente.	Der Nachbar **ist** krank. *(immer)*
O vizinho está doente.	Der Nachbar **ist** krank. *(zur Zeit)*

Estar – ser/ficar im Vergleich

▶ Veränderliche Ortsangaben (das Subjekt ist beweglich): *estar*

O meu carro está na garagem.	Mein Auto **ist** in der Garage.
A mãe está em casa.	Die Mutter **ist** zu Hause.

▶ Unveränderliche Ortsangaben (das Subjekt ist unbeweglich): *ser/ficar*

O bar é/fica ao lado do correio.	Die Bar **ist/liegt** neben der Post.

Há/Tem – ser/ficar im Vergleich

Há bezieht sich auf die Existenz unbestimmter Sachen, Personen oder Orte und wird hauptsächlich im ᴱᴾ verwendet. Im ᴮᴾ ist *tem* die gebräuchliche Form. Beide Verben sind subjektlos und unveränderlich, die deutsche Entsprechung ist „es gibt".

▶ *Há/Tem* wird mit dem unbestimmten Artikel, mit Zahlen oder Indefinita verwendet.

Há/Tem⁽ᴮᴾ⁾ um banco aqui perto.	**Es gibt** eine Bank in der Nähe.
Há/Tem⁽ᴮᴾ⁾ dois/poucos cinemas.	**Es gibt** zwei/wenige Kinos.

▶ Wenn es sich um bestimmte Sachen, Personen oder Orte handelt, wird *ser/ficar* und der bestimmte Artikel verwendet.

| O museu é/fica longe. | Das Museum **ist/liegt** weit. |

Subjektlose Verben

▶ Verben, die das Wetter beschreiben, haben kein Subjekt. Im Deutschen steht als Subjekt das Pronomen „es".

| Ontem choveu muito. | Gestern hat **es** viel geregnet. |
| Faz calor em Faro. | **Es** ist warm in Faro. |

▶ Weitere „Wetter"-Verben:

ventar ᴮᴾ/estar vento ᴱᴾ	windig sein	fazer/estar frio	kalt sein
nevar	schneien	estar nublado	neblig sein

Unpersönliche Konstruktionen

Unpersönliche Konstruktionen werden verwendet, wenn das Subjekt der Handlung unbekannt ist bzw. man es nicht erwähnen will, oder wenn der Fokus auf die Handlung wichtiger ist. Hierfür gibt es verschiedene Möglichkeiten:

▶ Konstruktionen mit *se*: Im Deutschen können sie mit „man" oder mit dem Passiv wiedergegeben werden. (→ Die Personalpronomen, Seite 72)

| Vive-se melhor à beira-mar. | Am Meer lebt **man** besser. |
| No Brasil bebe-se mais cerveja que vinho. | In Brasilien trinkt **man** mehr Bier als Wein/**wird** mehr Bier als Wein **getrunken**. |

▶ Gebrauch der 3. Person Plural ohne Subjekt.

| Dizem que a oposição vai ganhar. | **Man sagt**, die Opposition werde gewinnen. |
| Assaltaram o banco. | Die Bank **wurde überfallen**. |

▶ Verwendung von Wörtern, die Unbestimmtheit ausdrücken.

| Alguém falou sobre isso. | Jemand hat darüber gesprochen. |

▶ Durch eine Konstruktion mit dem Verb *ser* in der 3. Person Singular und einem Adjektiv, dem ein Infinitivsatz folgt. Diese Sätze haben im Deutschen „es" als Subjekt.

| É melhor ir ao médico. | Es ist besser, zum Arzt zu gehen. |
| Para dores de estômago é bom tomar um chá de ervas. | Bei Magenschmerzen ist **es** gut, einen Kräutertee zu trinken. |

Der Indikativ

Der Indikativ stellt einen Vorgang als real dar.

Das Präsens

Formen

Bei den regelmäßigen Verben werden die jeweiligen Endungen der drei Konjugationen an den Verbstamm angehängt. Achten Sie auf die betonte Silbe in der 1. Person Plural.

	falar	beber	partir
eu	falo	bebo	parto
tu	falas	bebes	partes
ele/ela	fala	bebe	parte
nós	falamos	bebemos	partimos
eles/elas	falam	bebem	partem

(Unregelmäßige Verbformen → Verbtabelle 2, Seite 192 ff. und Verbtabelle 3, Seite 195 ff.)

Gebrauch

Das Präsens wird verwendet
▶ für Vorgänge und Zustände in der Gegenwart.

As férias escolares começam hoje.	Die Schulferien beginnen heute.
Hoje o tempo está feio.	Heute ist das Wetter schlecht.

▶ für allgemeingültige Aussagen.

O Douro nasce na Espanha.	Der Douro entspringt in Spanien.

▶ für gewohnheitsmäßig wiederholte Handlungen, dauerhafte Eigenschaften und Zustände.

Ele nada todos os dias.	Er schwimmt jeden Tag.
A minha irmã é pianista.	Meine Schwester ist Pianistin.
No Alentejo chove pouco.	Im Alentejo regnet es wenig.

▶ für Absichten und Handlungen in der Zukunft.

Hoje jantamos fora.	Heute essen wir auswärts zu Abend.

▶ für Anweisungen.

O senhor vira à esquerda e depois anda uns 100 m ...	Sie biegen links ab, dann gehen Sie etwa 100 m ...

▶ als „historisches Präsens".

Em 1492 Colombo descobre o novo mundo.	1492 entdeckt Kolumbus die neue Welt.

Die Verlaufsform

Formen

Die Verlaufsform wird mit dem Hilfsverb *estar* und dem Hauptverb im Gerundium gebildet. Das EP bevorzugt stattdessen die Form *estar a* + Infinitiv. (→ Das Gerundium, Seite 141 f.)

	Hilfsverb **estar**	Vollverb	
		BP	EP
eu	estou		
tu	estás	estudando	a estudar
ele/ela	está	lendo	a ler
nós	estamos	dormindo	a dormir
eles/elas	estão		

Gebrauch
▶ Mit der Verlaufsform wird ausgedrückt, dass die Handlung im Moment des Sprechens stattfindet. Zeitangaben wie *agora* oder *neste momento* stehen häufig in Verbindung mit der Verlaufsform. Diese Zeitform gibt es im Deutschen nicht, kann aber durch Umschreibung mit „gerade" wiedergegeben werden.

Neste momento a Eva está correndo/está a correr ᴱᴾ no parque.	Im Moment **läuft** Eva (**gerade**) im Park.

Das Futur mit *ir*

Formen
Diese Futurform wird mit dem Hilfsverb *ir* im Präsens und dem Hauptverb im Infinitiv gebildet.

	Hilfsverb **ir**	Vollverb
eu	vou	
tu	vais	estudar
ele/ela	vai	ler
nós	vamos	dormir
eles/elas	vão	

Gebrauch
▶ Mit dieser Futurform werden Absichten oder Handlungen in der Zukunft ausgedrückt. In der gesprochenen Sprache ist sie die bevorzugte Form.

Eles vão viajar nas férias.	Sie **werden** in den Ferien **verreisen**.

Beim Verb *ir* kommt *ir* als Hilfsverb nicht vor. Man verwendet nur die Präsensform, um das Futur auszudrücken.

Vamos à praia amanhã.   Wir **gehen** morgen zum Strand.
  (anstatt ~~vamos ir~~)

Das einfache Futur (Futur I)

Formen

Diese Futurform wird gebildet, indem man an den Infinitiv die Futur-Endungen *(-ei, -ás, -á, -emos, -ão)* anhängt. Bei den Verben *dizer*, *fazer* und *trazer* entfällt die Silbe *-ze-*. Die betonte Silbe ist in allen Formen die Silbe mit *-r* (*-rei*, *-rás*, *-rá* etc.).

	regelmäßig			unregelmäßig		
	estar	vender	abrir	dizer	fazer	trazer
				dizer	fazer	trazer
eu	estarei	venderei	abrirei	direi	farei	trarei
tu	estarás	venderás	abrirás	dirás	farás	trarás
ele/ela	estará	venderá	abrirá	dirá	fará	trará
nós	estaremos	venderemos	abriremos	diremos	faremos	traremos
eles/elas	estarão	venderão	abrirão	dirão	farão	trarão

Gebrauch

Das einfache Futur wird hauptsächlich in formellen Kontexten und in der Schriftsprache verwendet.

Comunicamos que o baile se realizará no *Clube Harmonia*.	Wir teilen mit, dass der Ball im *Clube Harmonia* **stattfinden wird**.

Ferner wird das einfache Futur verwendet
▶ für Vorhersagen.

Amanhã a temperatura subirá.	Morgen **wird** die Temperatur **steigen**.
A população mundial aumentará drasticamente.	Die Weltbevölkerung **wird** drastisch **zunehmen**.

▶ um Zweifel oder Vermutungen auszudrücken.

Eles estarão em casa?	**Ob** sie **wohl** zu Hause sind?

Zweifel oder Vermutungen kann man auch mit *será que* ausdrücken.

Será que eles estão em casa?	**Ob** sie **wohl** zu Hause sind?
Será que eles saíram?	**Ob** sie **wohl** weg sind?

Wenn es um eine rein temporale Bedeutung geht, verwendet man in der gesprochenen Sprache das Präsens oder die Futurform mit *ir*.

Eu viajo amanhã.	Ich **verreise** morgen.
Eu vou viajar amanhã.	Ich **werde** morgen **verreisen**.

Das zusammengesetzte Futur (Futur II)

Es wird mit dem Futur von *ter* und dem Partizip Perfekt des Vollverbs gebildet. Das Partizip Perfekt bleibt unveränderlich. (→ Das Partizip Perfekt, Seite 142 ff.)

	Hilfsverb **ter**	Vollverb
eu	terei	
tu	terás	estudado
ele/ela	terá	aprendido
nós	teremos	dormido
eles/elas	terão	

Gebrauch

▶ Ähnlich wie im Deutschen kann man mit dem Futur II ausdrücken, dass eine Handlung in der Zukunft abgeschlossen sein wird, bevor eine andere einsetzt. Die einsetzende Handlung steht dabei im Konjunktiv Futur. (→ Der Konjunktiv, Seite 133 ff.)

Quando ela voltar, já teremos feito a mudança.	Wenn sie zurückkehrt, **werden** wir den Umzug schon **gemacht haben**.

Das Verb

▶ Das Futur II drückt auch Zweifel oder Vermutung über eine Handlung aus, die bereits vergangen ist. Im Deutschen kann diese Verbform mit dem Perfekt wiedergegeben werden.

| Eles terão visto alguma coisa? | Ob sie wohl etwas bemerkt haben? |

Das einfache Perfekt

Formen

Bei den regelmäßigen Verben werden die Endungen an den Verbstamm angehängt. Die betonte Silbe ist jeweils unterstrichen.

	estud<u>ar</u>	com<u>er</u>	dorm<u>ir</u>
eu	estud<u>ei</u>	com<u>i</u>	dorm<u>i</u>
tu	estud<u>aste</u>	com<u>este</u>	dorm<u>iste</u>
ele/ela	estud<u>ou</u>	com<u>eu</u>	dorm<u>iu</u>
nós	estud<u>amos</u> ᴮᴾ / estud<u>ámos</u> ᴱᴾ	com<u>emos</u>	dorm<u>imos</u>
eles/elas	estud<u>aram</u>	com<u>eram</u>	dorm<u>iram</u>

Der Akzent auf der 1. Person Plural im ᴱᴾ ist nach der neuen Orthographie fakultativ.

Die unregelmäßigen Verben weisen im Perfekt starke Veränderungen am Verbstamm auf. Beispiele:

fazer	ir/ser	trazer	ter
fiz	fui	trouxe	tive
fizeste	foste	trouxeste	tiveste
fez	foi	trouxe	teve
fizemos	fomos	trouxemos	tivemos
fizeram	foram	trouxeram	tiveram

(Weitere unregelmäßige Verben → Verbtabelle 3, Seite 195 ff.)

Gebrauch

Das Perfekt wird verwendet
▶ für Handlungen, die in der Vergangenheit stattfanden und im Moment des Sprechens bereits abgeschlossen sind. Es steht oft in Verbindung mit Zeitangaben, die auf einen **Zeitpunkt** hindeuten wie *ontem, na semana passada, há três meses, em 1930* etc.

Fui ao teatro há dois dias.	Ich **war** vor zwei Tagen im Theater.
Saramago morreu em 2010.	Saramago **ist** 2010 **gestorben**.
Ontem não fiz nada.	Gestern **habe** ich nichts **gemacht**.

▶ für die Bewertung eines einmaligen vergangenen Erlebnisses/Ereignisses.

O passeio foi ótimo. Gostei muito.	Der Spaziergang **war** toll. Er **hat** mir gut **gefallen**.

Das Imperfekt

Formen

Die Endungen für das Imperfekt sind *-ava* etc. für die Verben mit Infinitiv auf *-ar*. Die Verben auf *-er* und *-ir* haben die Endungen *-ia* etc. Beachten Sie, dass in der 1. Person Plural die Betonung auf die drittletzte Silbe fällt.

regelmäßige Verben			
	chegar	bater	existir
eu	chegava	batia	existia
tu	chegavas	batias	existias
ele/ela	chegava	batia	existia
nós	chegávamos	batíamos	existíamos
eles/elas	chegavam	batiam	existiam

Im Imperfekt gibt es nur vier unregelmäßige Verben.

unregelmäßige Verben			
ser	pôr	ter	vir
era	punha	tinha	vinha
eras	punhas	tinhas	vinhas
era	punha	tinha	vinha
éramos	púnhamos	tínhamos	vínhamos
eram	punham	tinham	vinham

Gebrauch

Das Imperfekt wird verwendet

▶ um Zustände oder Situationen in der Vergangenheit zu beschreiben. Es steht oft mit temporalen Ausdrücken wie *antigamente/ dantes* [EP], *antes, naquela época, naquele tempo, quando era estudante, quando tinha 10 anos* etc., die sich auf einen vergangenen **Zeitraum** beziehen.

Naquela época eu morava no Rio.	Damals **wohnte** ich in Rio.

▶ um Handlungen auszudrücken, die sich in der Vergangenheit wiederholten, häufig in Verbindung mit temporalen Wendungen, die auf Regelmäßigkeit hindeuten wie *sempre, todos os dias, aos domingos* etc.

Aos domingos a gente ia à igreja.	Sonntags **gingen** wir in die Kirche.

▶ um eine höfliche Bitte auszudrücken.

Eu podia mudar de quarto?	**Dürfte** ich das Zimmer wechseln?

▶ statt des Konditionals, vor allem im [EP]. (→ Der Konditional, Seite 124 ff.)

Se tivesse tempo, fazia (faria) um bolo.	Wenn ich Zeit hätte, **würde** ich einen Kuchen **backen**.

Das Verb

Perfekt – Imperfekt im Vergleich

Zeitlich abgegrenzt – zeitlich offen

Perfekt	Imperfekt
Fui ao cinema. Ich **ging** ins Kino. (gestern)	Eu ia ao cinema. Ich **ging** ins Kino. (regelmäßig)
Zeitlich abgegrenzt (z. B. *ontem*): beschreibt einen einmaligen Gang ins Kino.	Zeitlich offen, keine Abgrenzung: beschreibt eine sich wiederholende Handlung (Gewohnheit)
Rui foi muito pobre. Rui **war** sehr arm.	Rui era muito pobre. Rui **war** sehr arm.
Mit dem Perfekt wird impliziert, dass Rui in einer Phase seines Lebens arm war, es aber jetzt nicht mehr ist.	Mit dem Imperfekt ist der Zeitraum nicht abgegrenzt. Rui könnte sein ganzes Leben arm gewesen sein.

Zeitlicher Rahmen (Hintergrund) für ein punktuelles Ereignis

Rui era muito pobre quando começou a trabalhar na empresa.
Rui **war** sehr arm, als er **anfing**, im Unternehmen zu arbeiten.

Der Satzteil im **Imperfekt** dient als Rahmen, innerhalb dessen ein punktuelles Ereignis (ausgedrückt im **Perfekt**) stattfindet.

Eu estava indo/ia para o trabalho …
Ich **ging** gerade zur Arbeit …

Das **Imperfekt** erweckt die Erwartung, dass der Bericht unvollendet ist und dass noch etwas folgt:

Eu estava indo/ia para o trabalho quando aconteceu o acidente.
Ich **ging** gerade zur Arbeit, als sich der Unfall **ereignete**.

Das zweite Ereignis geschieht innerhalb des vom **Imperfekt** gegebenen Zeitrahmens, ist also zeitlich abgegrenzt und wird im **Perfekt** ausgedrückt.

Wechsel zwischen Perfekt und Imperfekt in einer Erzählung

Imperfekt	Perfekt
Das Imperfekt wird verwendet, um den Rahmen oder Hintergrund (Raum, Personen, gerade verlaufende Handlung) zu beschreiben. Folgende temporale Ausdrücke kommen oft zusammen mit dem Imperfekt vor und deuten auf den Rahmen/Hintergrund hin: naquele dia, um dia, certa noite.	Das Perfekt wird verwendet, um die einsetzenden Handlungen zu erzählen. Folgende temporale Ausdrücke kommen oft zusammen mit dem Perfekt vor und deuten auf eine neu einsetzende Handlung hin: de repente, subitamente.
	Folgende temporale Ausdrücke strukturieren das Fortschreiten der Handlung: em seguida, então, aí, depois de/que ...

Um dia eu estava andando pelo parque. Estava bem escuro e eu quase não podia ver o chão. **De repente tropecei** numa pedra e **caí. Depois que** o susto **passou**, **vi** que ainda estava inteira. **Continuei** o meu caminho, mas mais devagar ...

Eines Tages ging ich durch den Park. Es **war** sehr dunkel und ich **konnte** den Boden fast nicht sehen. **Plötzlich stolperte** ich über einen Stein und **fiel** hin. **Nachdem** der Schrecken **vorbei war**, **sah** ich, dass ich unversehrt **war**. Ich **setzte** meinen Weg **fort**, aber langsamer ...

Das zusammengesetzte Plusquamperfekt

Formen

Das Plusquamperfekt wird mit dem Hilfsverb *ter* im Imperfekt und dem Partizip Perfekt des Vollverbs gebildet. Das Partizip Perfekt bleibt unveränderlich. (→ Das Partizip Perfekt, Seite 142 ff.)

	Hilfsverb **ter**	Vollverb
eu	tinha	
tu	tinhas	estud**ado**
ele/ela	tinha	aprend**ido**
nós	tínhamos	dorm**ido**
eles/elas	tinham	

Im (BP) kommt auch das Plusquamperfekt mit *haver* vor. Dies ist im (EP) nur noch in der Schriftsprache üblich.
havia estudado, havíamos aprendido, haviam dormido

Gebrauch
Ähnlich wie im Deutschen bezeichnet das Plusquamperfekt eine Handlung, die stattgefunden hat, bevor eine andere einsetzte. Die temporalen Ausdrücke *já* oder *ainda não* werden oft mit dem Plusquamperfekt verbunden.

Não pude falar com a secretária. Quando cheguei ao escritório ela já tinha saído.	Ich konnte nicht mit der Sekretärin sprechen. Als ich im Büro **ankam**, **war** sie schon **weggegangen**.
Quando ele se casou ainda não tinha terminado a faculdade.	Als er **heiratete**, **hatte** er das Studium noch nicht **abgeschlossen**.

Das einfache Plusquamperfekt

Das einfache Plusquamperfekt (*estudara ..., aprendera ..., dormira ...*) wird nur in der Schriftsprache verwendet und hier nicht weiter vertieft.

Das zusammengesetzte Perfekt

Formen
Das zusammengesetzte Perfekt wird mit dem Hilfsverb *ter* im Präsens und dem Partizip Perfekt des Vollverbs gebildet. Das Partizip bleibt unveränderlich. (→ Das Partizip Perfekt, Seite 142 ff.)

	Hilfsverb **ter**	Vollverb
eu	tenho	
tu	tens	procur**ado**
ele/ela	tem	vend**ido**
nós	temos	part**ido**
eles/elas	têm	

Gebrauch

▶ Das zusammengesetzte Perfekt bezeichnet Vorgänge oder Zustände, die in der Vergangenheit begonnen haben und bis in die Gegenwart andauern. Die entsprechende Zeit im Deutschen ist meistens das Präsens. Die temporalen Ausdrücke *ultimamente*, *nas últimas semanas*, *nos últimos dias* sind charakteristisch für das zusammengesetzte Perfekt.

Temos trabalhado muito nos últimos dias.	Wir **arbeiten** viel in den letzten Tagen.
Ultimamente tem feito frio.	In letzter Zeit **ist** es kalt.

▶ **Einfaches – Zusammengesetztes Perfekt:** Wenn der Zeitraum begrenzt ist und der Vorgang als abgeschlossen gilt, kommt nur das einfache Perfekt in Frage. Wenn sich der Zeitraum noch in die Gegenwart erstreckt und der Vorgang noch andauert, wird das zusammengesetzte Perfekt verwendet.

Ele viveu em Manaus de 1990 a 2000.	Er **hat** von 1990 bis 2000 in Manaus **gelebt**.
Ele tem vivido em Manaus desde 1990.	Er **lebt** seit 1990 in Manaus.

Der Konditional

Der einfache Konditional (Konditional I)

Formen

Der Konditional I wird gebildet, indem man die Endungen *-ia, -ias, -ia, -íamos, -iam* an den Infinitiv anhängt. Bei den Verben *dizer*, *fazer* und *trazer* entfällt dabei die Silbe *-ze-*. Beachten Sie, dass in der 1. Person Plural die drittletzte Silbe betont ist.

	regelmäßig			unregelmäßig		
	falar	viver	pedir	dizer	fazer	trazer
				dizer	fazer	trazer
eu	falaria	viveria	pediria	diria	faria	traria
tu	falarias	viverias	pedirias	dirias	farias	trarias
ele/ela	falaria	viveria	pediria	diria	faria	traria
nós	falaríamos	viveríamos	pediríamos	diríamos	faríamos	traríamos
eles/elas	falariam	viveriam	pediriam	diriam	fariam	trariam

Gebrauch

▶ Der Konditional I drückt Vorgänge aus, die von der Perspektive der Vergangenheit aus gesehen in der Zukunft liegen. Deswegen heißt er auch *futuro do pretérito* (Futur der Vergangenheit).

Naquela viagem ela conheceu o homem que seria o seu marido.	Auf jener Reise hat sie den Mann kennengelernt, der ihr Ehemann **werden würde/sollte**.

▶ Der Konditional I bezeichnet Vorgänge, die eintreten könnten, wenn bestimmte Bedingungen erfüllt würden. Er kann mit dem deutschen Konjunktiv II wiedergegeben werden.

Eu iria nadar, mas tenho que trabalhar.	Ich **würde** schwimmen **gehen**, aber ich muss arbeiten.

▶ In irrealen Bedingungssätzen steht der Konditional I im Hauptsatz und die Bedingung im Nebensatz im Konjunktiv Imperfekt. (→ Die Konjunktionen, Seite 164)

Eu passaria a roupa se tivesse tempo.	Ich **würde bügeln**, wenn ich Zeit **hätte**.

Der Konditional I wird außerdem verwendet,
▶ um höfliche Fragen oder Bitten auszudrücken.

Poderia falar com a Tânia?	**Könnte** ich mit Tânia sprechen?

▶ um Wünsche oder Wunschdenken zu äußern.

Gostaria de viver na China.	Ich **würde gern** in China leben.

▶ um Vorschläge zu machen oder Ratschläge zu geben.

| Estão procurando um emprego? Eu procuraria na internet. | Sucht ihr Arbeit? Ich **würde** im Internet **suchen**. |

▶ um auf die Vergangenheit bezogene Zweifel auszudrücken.

| A resposta estaria correta? | **War** die Antwort richtig? |

Für die Verwendung des Konditional I in der indirekten Rede
→ Der Satz, Seite 176.

Der Konditional I wird im ⓑⓟ sehr oft verwendet, im ⒺⓅ dagegen eher im formellen Kontext. Umgangssprachlich wird stattdessen das Imperfekt gebraucht. In allen oben beschriebenen Fällen außer dem *futuro do pretérito* könnte der Konditional I durch das Imperfekt ersetzt werden.
Gostava de viver na China.
Podia falar com a Tânia?

Der zusammengesetzte Konditional (Konditional II)

Der Konditional II wird mit dem Konditional I von *ter* und dem Partizip Perfekt des Vollverbs gebildet. Das Partizip Perfekt bleibt unveränderlich. (→ Das Partizip Perfekt, Seite 142 ff.)

	Hilfsverb **ter**	Vollverb
eu	teria	
tu	terias	falado
ele/ela	teria	bebido
nós	teríamos	partido
eles/elas	teriam	

Gebrauch
Der Konditional II wird gebraucht
▶ um – ähnlich wie der deutsche Konjunktiv II – auszudrücken, dass Vorgänge in der Vergangenheit hätten eintreten können, wenn bestimmte Bedingungen erfüllt worden wären. Die Bedingung kann im Nebensatz mit *se* im Konjunktiv Plusquamperfekt stehen. (→ Seite 164)

Das Verb

| Eu teria ido nadar, mas não tive tempo. | Ich **wäre** schwimmen **gegangen**, aber ich hatte keine Zeit. |
| Eu teria ido nadar, se tivesse tido tempo. | Ich **wäre** schwimmen **gegangen**, wenn ich Zeit **gehabt hätte**. |

▶ um auf die Vergangenheit bezogene Wünsche, Wunschdenken oder Vermutungen zu äußern.

| Eu teria gostado de viver na China. | Ich **hätte** gern in China **gelebt**. |
| Quem teria telefonado? | Wer **hat wohl angerufen**? |

Der Konjunktiv *(subjuntivo*[BP]*/conjuntivo*[EP]*)*

Während mit dem Indikativ Vorgänge als real dargestellt werden, äußert man mit dem Konjunktiv seine Einstellung, Meinung und Gefühle zu einem Ereignis. Außerdem verlangen bestimmte Ausdrücke und Konjunktionen den Konjunktiv.

Der Konjunktiv Präsens

Formen
Die Formen des Konjunktiv Präsens werden von der 1. Person Singular des Indikativ Präsens abgeleitet. Die Endung *-o* wird dabei durch die Endungen des Konjunktiv Präsens ersetzt:
– Verben mit Infinitiv auf *-ar* → *-e* ... (siehe Tabelle)
– Verben auf *-er*, *-ir* → *-a* ... (siehe Tabelle)

	regelmäßig			unregelmäßig		
	falar	beber	partir	dormir	ler	vir
1. Pers. Sing. Ind. Präsens	fal~~o~~	beb~~o~~	part~~o~~	durm~~o~~	lei~~o~~	venh~~o~~
eu	fale	beba	parta	durma	leia	venha
tu	fales	bebas	partas	durmas	leias	venhas
ele/ela	fale	beba	parta	durma	leia	venha
nós	falemos	bebamos	partamos	durmamos	leiamos	venhamos
eles/elas	falem	bebam	partam	durmam	leiam	venham

Ausnahmen zu dieser Regel:

	1. Person Singular Indikativ Präsens	Konjunktiv Präsens
estar	eu estou	esteja ...
querer	eu quero	queira ...
saber	eu sei	saiba ...
ser	eu sou	seja ...
haver	eu hei	haja ...
ir	eu vou	vá ...
dar	eu dou	dê ...

(→ Verbtabellen 1–3, Seite 188 ff.)

Der Konjunktiv Imperfekt

Formen

Die Formen des Konjunktiv Imperfekt werden von der 3. Person Plural des Indikativ Perfekt abgeleitet. Die Endsilbe *-ram* wird dabei durch *-sse* + Personen-Endungen ersetzt. Zu dieser Ableitungsregel gibt es keine Ausnahmen. Wie in der Tabelle ersichtlich, sind die Endungen in allen drei Konjugationen gleich. Achten Sie auf Betonung und Akzente in der 1. Person Plural: einen Akut bei den Verben auf *-ar* und *-ir* (offen) und einen Zirkumflex bei den Verben auf *-er* (geschlossen).

regelmäßig			
	falar	**beber**	**abrir**
3. Person Plural Indikativ Perfekt	falaram	beberam	abriram
eu	falasse	bebesse	abrisse
tu	falasses	bebesses	abrisses
ele/ela	falasse	bebesse	abrisse
nós	falássemos	bebêssemos	abríssemos
eles/elas	falassem	bebessem	abrissem

unregelmäßig

	fazer	ir/ser	ver	ter
3. Person Plural Indikativ Perfekt	fize~~ram~~	fo~~ram~~	vi~~ram~~	tive~~ram~~
eu	fizesse	fosse	visse	tivesse
tu	fizesses	fosses	visses	tivesses
ele/ela	fizesse	fosse	visse	tivesse
nós	fizéssemos	fôssemos	víssemos	tivéssemos
eles/elas	fizessem	fossem	vissem	tivessem

(Weitere unregelmäßige Verben → Verbtabelle 3, Seite 195 ff.)

Der Konjunktiv Perfekt und Plusquamperfekt

Formen

Diese Zeiten werden mit dem Konjunktiv des Hilfsverbs *ter* und dem Partizip Perfekt des Vollverbs gebildet. Das Partizip Perfekt bleibt unveränderlich. (→ Das Partizip Perfekt, Seite 142 ff.)

	Perfekt		Plusquamperfekt	
eu	tenha	⎫	tivesse	⎫
tu	tenhas	falado	tivesses	falado
ele/ela	tenha	bebido	tivesse	bebido
nós	tenhamos	partido	tivéssemos	partido
eles/elas	tenham	⎭	tivessem	⎭

Gebrauch – Konjunktiv Präsens, Konjunktiv Imperfekt

Im Hauptsatz

▶ In einem Satz mit *talvez* (vielleicht) steht der Konjunktiv, wenn *talvez* vor dem Verb steht. (Bei Nachstellung wird der Indikativ verwendet.)

Talvez faça um bolo.	Ich backe vielleicht einen Kuchen.
Talvez ela tivesse um conselho.	Vielleicht hätte sie einen Rat.

▶ Der Konjunktiv steht ferner in Wunschsätzen mit Ausdrücken wie *tomara que, oxalá, Deus queira que* oder *quem me dera que* (Imperfekt).

(Que) tenham uma boa viagem!	Haben Sie eine gute Reise!
Tomara que/Oxalá eles cheguem a horas.	Hoffentlich kommen sie pünktlich.
Deus queira que não chova.	Hoffentlich regnet es nicht.
Quem me dera que fosse solteira.	Wäre ich doch ledig.

Im Nebensatz
Der Konjunktiv kommt vor allem in Nebensätzen vor. Folgende Zeitkombinationen sind möglich:

Hauptsatz	Nebensatz
Indikativ Präsens, Imperativ, Futur	Konjunktiv Präsens
Indikativ Imperfekt, Konditional, einfaches Perfekt	Konjunktiv Imperfekt

Das Verb im Nebensatz steht in den folgenden Fällen im Konjunktiv:
▶ Bei **bestimmten Verben** im Hauptsatz, die z. B. Hoffnung *(esperar)*, Wunsch *(querer, desejar)*, Zweifel *(duvidar)*, Wille *(ter vontade de)*, Vorliebe *(preferir)*, Gefühl *(gostar de, ter medo, ter pena)*, Befehl *(mandar, exigir)* oder Bedauern *(lamentar)* ausdrücken.

Espero que tudo corra bem.	Ich hoffe, dass alles gut geht.
Ele quer que façamos assim.	Er will, dass wir es so machen.
Duvido que eles nos visitem.	Ich bezweifle, dass sie uns besuchen.
Ele exige que eu pague tudo.	Er verlangt, dass ich alles bezahle.
Esperava que tudo corresse bem.	Ich hoffte, dass alles gut gehen würde.
Ele queria que fizéssemos assim.	Er wollte, dass wir es so machen.

Wenn die Subjekte gleich sind, wird eher ein Infinitivsatz verwendet.

Tenho pena de não **poder** ir. Ich bedaure, dass ich nicht
(Tenho pena que eu não kommen kann.
possa ir.)

▶ Nach **unpersönlichen Ausdrücken** mit *ser* + Adjektiv + *que*. Mit solchen Ausdrücken äußert man seine Meinung, Gefühle, Einstellung etc. über den Inhalt im Nebensatz.

É provável que **chova**.	Es ist wahrscheinlich, dass es regnet.
É possível que **chegue** tarde.	Es ist möglich, dass ich später komme.
Era provável que **chovesse**.	Es wäre möglich, dass es regnet.
Era bom que **protestassem**.	Es wäre gut, dass ihr protestiert.

Alternativ werden unpersönliche Ausdrücke mit dem Infinitiv gebraucht. (→ Flektierter Infinitiv, Seite 140 ff.)
É bom protestarem. Es wäre gut, dass ihr protestiert.
(É bom que protestem.)

Indikativ – Konjunktiv

▶ Bei Verben, die Meinung oder Glauben ausdrücken, steht der Indikativ. Wenn diese Verben verneint sind, steht der Konjunktiv.

Eu acho que ela **está** doente.	Ich glaube, dass sie krank ist.
Eu **não** acho que ela **esteja** doente.	Ich glaube nicht, dass sie krank ist.
Não pensava que ele **estivesse** tão doente.	Ich habe nicht gedacht, dass er so krank ist.

▶ Bei unpersönlichen Ausdrücken, die eine Information als Tatsache darstellen wie *é claro*, *é verdade* oder *é evidente*, wird der Indikativ verwendet. Werden diese Ausdrücke wiederum verneint, steht der Konjunktiv.

É claro que ele **vem**.	Es ist klar, dass er kommt.
Não é claro que ele **venha**.	Es ist nicht klar, dass er kommt.

Gebrauch – Konjunktiv Perfekt, Konjunktiv Plusquamperfekt

Folgende Zeitkombinationen sind möglich:

Hauptsatz	Nebensatz
Indikativ Präsens	Konjunktiv Perfekt
Indikativ Imperfekt, Konditional, einfaches Perfekt	Konjunktiv Plusquamperfekt

Espero que eles **tenham feito** uma boa viagem.	Ich hoffe, dass sie eine gute Reise hatten.
Foi pena que ele não **tivesse vindo**.	Es war schade, dass er nicht gekommen ist.

Nach bestimmten Konjunktionen muss der Konjunktiv gebraucht werden. (→ Die Konjunktionen, Seite 161)

Der Konjunktiv in irrealen Bedingungssätzen:
In solchen Sätzen werden Handlungen oder Situationen an Bedingungen geknüpft, die für den Sprecher nicht erfüllbar sind. Sie können sich auf die Gegenwart oder auf die Vergangenheit beziehen.
Folgende Kombinationen sind möglich:

	Hauptsatz	Nebensatz
Gegenwart	Konditional I oder Indikativ Imperfekt	Konjunktiv Imperfekt
Vergangenheit	Konditional II	Konjunktiv Plusquamperfekt

Iria/la nadar, se pudesse.	Ich würde schwimmen gehen, wenn ich könnte.
Ela não teria ficado chateada, se eu não tivesse dito aquilo.	Sie hätte sich nicht geärgert, wenn ich das nicht gesagt hätte.

(→ Die Konjunktionen, Seite 164)

Der Konjunktiv Futur I

Formen

Die Formen des Konjunktiv Futur werden ebenfalls von der 3. Person Plural des Indikativ Perfekt abgeleitet, es wird aber nur die Endung -*am* durch die jeweilige Personen-Endung ersetzt, wobei die 1. und die 3. Person keine Endung haben.

regelmäßig

	falar	beber	abrir
3. Person Plural Indikativ Perfekt	falaram	beberam	abriram
eu	falar	beber	abrir
tu	falares	beberes	abrires
ele/ela	falar	beber	abrir
nós	falarmos	bebermos	abrirmos
eles/elas	falarem	beberem	abrirem

unregelmäßig

	fazer	ir/ser	ver	ter
3. Person Plural Indikativ Perfekt	fizeram	foram	viram	tiveram
eu	fizer	for	vir	tiver
tu	fizeres	fores	vires	tiveres
ele/ela	fizer	for	vir	tiver
nós	fizermos	formos	virmos	tivermos
eles/elas	fizerem	forem	virem	tiverem

(Weitere unregelmäßige Verben → Verbtabelle 3, Seite 195 ff.)

Gebrauch

▶ Der **Konjunktiv Futur I** wird verwendet, um Handlungen oder Zustände auszudrücken, die der Sprecher in der Zukunft für realisierbar hält. Häufig steht er nach Konjunktionen wie *se* (wenn, falls) oder *quando* (wenn). Im Hauptsatz steht das Verb im Präsens, Futur oder Imperativ. Im Deutschen wird der Konjunktiv Futur mit dem Indikativ Präsens wiedergegeben.

Não fazemos o passeio se estiver frio.	Wir machen keinen Spaziergang, falls es kalt ist.
Quando parar de trabalhar, vou morar nos Açores.	Wenn ich nicht mehr arbeite, werde ich auf den Azoren leben.
Quando tiver tempo, arrume a sala.	Wenn Sie Zeit haben, räumen Sie das Zimmer auf.

▶ Weitere Konjunktionen, die den Konjunktiv Futur einleiten:

sempre que	Sempre que puderem, apareçam.	Immer wenn ihr könnt, kommt vorbei.
logo que	Logo que chegar, ele telefona.	Sobald er zu Hause ankommt, ruft er an.
enquanto	Enquanto tiver saúde, quero trabalhar.	Solange ich gesund bin, will ich arbeiten.
como	Podemos agir como quisermos.	Wir können handeln, wie wir wollen.

▶ Auch in Relativsätzen kann der Konjunktiv Futur verwendet werden.

Quem se inscrever hoje, recebe um desconto.	Wer sich heute einschreibt, bekommt einen Rabatt.

▶ Der Konjunktiv Futur ist Bestandteil von einigen festen Ausdrücken:

seja quem for	Seja quem for, diga que não estou.	Wer es auch sei, sagen Sie, dass ich nicht da bin.
custe o que custar	Vou comprar aquela casa custe o que custar.	Ich werde das Haus kaufen, koste es, was es wolle.
venha quem vier	Venha quem vier, não abro a porta.	Egal wer kommt, ich mache die Tür nicht auf.

Der Konjunktiv Futur II

Formen

Diese Form wird mit dem Konjunktiv Futur von *ter* und dem Partizip Perfekt des Vollverbs gebildet. Das Partizip Perfekt bleibt unveränderlich. (→ Das Partizip Perfekt, Seite 142 ff.)

	Hilfsverb **ter**	Vollverb
eu	tiver	
tu	tiveres	falado
ele/ela	tiver	bebido
nós	tivermos	partido
eles/elas	tiverem	

Der **Konjunktiv II** wird verwendet für Vorgänge, die in der Zukunft abgeschlossen sein werden, bevor andere einsetzen. Das Verb im Hauptsatz kann im Imperativ, Präsens oder Futur stehen.

| Quando vocês tiverem tomado uma decisão, avisem-me. | Wenn ihr eine Entscheidung getroffen habt, teilt sie mir mit. |
| Quando ele tiver chegado, ele vai telefonar. | Wenn er angekommen ist, wird er anrufen. |

Der Imperativ

Formen

▶ Die *tu*-Form wird von der 3. Person Singular Präsens abgeleitet. Dies gilt für alle regelmäßigen und unregelmäßigen Verben mit Ausnahme von *ser*.

	3. Person Singular Indikativ Präsens	2. Person Singular Imperativ
falar	ele fala	fala
abrir	ele abre	abre
trazer	ele traz	traz
ir	ele vai	vai
Ausnahme: ser	ele é	sê

▶ Alle anderen Formen sind mit dem Konjunktiv Präsens identisch. (→ Seite 127 f. und Verbtabellen 2–3, Seite 192 ff.)

	tomar		comer		partir	
(tu)	toma	não tomes	come	não comas	parte	não partas
(você)	tome	não tome	coma	não coma	parta	não parta
(vocês)	tomem	não tomem	comam	não comam	partam	não partam
	fazer		dormir		vir	
(tu)	faz	não faças	dorme	não durmas	vem	não venhas
(você)	faça	não faça	durma	não durma	venha	não venha
(vocês)	façam	não façam	durmam	não durmam	venham	não venham

Gebrauch

▶ Im ⓑⓟ werden für alle Anreden die Formen des Konjunktiv Präsens verwendet. Im [EP] wird für die informelle Anrede einer Person die Imperativ-Form *tu* gebraucht, für alle anderen Fälle die Formen des Konjunktiv Präsens.

angesprochene Personen	BP	EP
ein Kind	Acorde. Acorda.	**Wach** auf.
ein Kunde	Entre, faz favor.	Bitte **treten Sie** ein.
zwei Kinder / zwei Kunden	Sentem-se.	**Setzt euch/Setzen Sie** sich.

Im gesprochenen BP ist die *tu*-Form auch üblich, häufig in Verbindung mit der Form für *você*.

Entra, por favor. **Komm rein**, bitte.
Fica mais um pouco e tome **Bleib** noch eine Weile und **trink**
mais um cafezinho. (*wörtlich:* **trinken Sie**) noch
einen Kaffee.

▶ Die verneinten Formen sind im BP und EP gleich: Sie entsprechen dem Konjunktiv Präsens.

angesprochene Personen	EP / BP	
ein Kind	Não faças isso.	**Tu** das nicht.
ein Kunde	Não se preocupe.	**Machen Sie** sich keine Sorgen.
zwei Kinder / zwei Kunden	Não se preocupem.	**Macht euch/ Machen Sie** sich keine Sorgen.

Man verwendet den Imperativ für:
▶ Ratschläge und Empfehlungen.

Beba bastante água. **Trink/Trinken Sie** viel Wasser.
Lê este livro. É ótimo. **Lies** dieses Buch. Es ist toll.

▶ (Gebrauchs-)Anweisungen.

Insira o cartão. **Führen Sie** die Karte ein.
Sigam em frente. **Geht/Gehen Sie** geradeaus.

▶ Befehle und Aufforderungen.

Vai já para a cama! Fecha a porta, por favor.	**Geh** sofort ins Bett! Bitte **schließ** die Tür.

Alternativformen für den Imperativ
▶ Der Imperativ wird oft als zu direkt empfunden. Das gilt insbesondere für Bitten, trotz der Verwendung von Höflichkeitsformeln wie *por favor* oder *faz favor*. Höflicher ist es, die Bitte als Frage mit *poder* (im Präsens, Imperfekt oder Konditional) zu formulieren.

Pode fechar a porta, por favor? Podia/Poderia dizer-me onde fica o teatro?	**Kannst du**[BP]/**Können Sie** bitte die Tür zumachen? **Könntest du**[BP]/**Könnten Sie** mir sagen, wo das Theater ist?

Der Imperativ der 1. Person Plural
▶ Wenn eine Aufforderung den Sprecher miteinschließt, wird die 1. Person Plural im Konjunktiv Präsens verwendet.

Esperemos. Não sejamos precipitados.	**Warten** wir ab. **Überstürzen** wir nichts.

▶ Oft werden verbale Ausdrücke bevorzugt.

Temos que esperar. Não vamos ser precipitados.	Wir **müssen** abwarten. Wir **werden** nichts überstürzen.

Die Nominalformen des Verbs

Es gibt drei Nominalformen des Verbs: der Infinitiv, das Gerundium und das Partizip Perfekt. Nur beim Infinitiv unterscheidet man zwischen einer unflektierten und einer flektierten Form. Syntaktisch übernehmen sie die Funktion eines Substantivs, Adverbs oder Adjektivs.

Infinitiv

Unflektierter Infinitiv *(Infinitivo impessoal)*

Formen

Der unflektierte Infinitiv ist die Nenn- oder Grundform des Verbs. Die Verben werden nach ihren Infinitivendungen in drei Konjugationen eingeteilt.

1. Konjugation: auf -ar	trabalhar, estar	arbeiten, sein
2. Konjugation: auf -er	correr, fazer	rennen, machen
3. Konjugation: auf -ir	abrir, vir	öffnen, kommen

Pôr und seine Komposita (*compor, dispor* etc.) sind die einzigen Verben, die eine andere Endung aufweisen. (→ Verbtabelle 3, Seite 195 ff.)

Gebrauch

Der unflektierte Infinitiv wird verwendet
▶ mit *estar* und der Präposition *a*, um im EP die Verlaufsform zu bilden. (→ Seite 114)

Eles estão a jantar.	Sie **essen (gerade)** zu Abend.

▶ wie ein Substantiv, z. B. als Subjekt des Satzes.

Nadar é bom para a saúde.	**Schwimmen** ist gut für die Gesundheit.

▶ um einen Befehl auszudrücken, wenn die Adressaten unbestimmt sind, sowie bei Kochrezepten und Gebrauchsanweisungen.

Favor manter esta porta fechada.	Bitte diese Tür geschlossen **halten**.
Ferver o leite.	Die Milch **kochen**.
Pôr o cinto.	Den Gurt **anlegen**.

- nach Modalverben (*querer*, *dever*, *poder* etc.) und nach verbalen Ausdrücken.

Quero provar bacalhau.	Ich **möchte** Stockfisch **probieren**.
O avião acabou de chegar.	Das Flugzeug **ist soeben gelandet**.

- in Finalsätzen.

Ela vai para o Rio para fazer um estágio.	Sie geht nach Rio, **um** ein Praktikum **zu machen**.

Flektierter Infinitiv *(Infinitivo pessoal)*

Der flektierte Infinitiv ist eine Eigentümlichkeit des Portugiesischen. Durch Beugung kann er Person und Numerus angeben.

Formen
Die Endungen werden an den unflektierten Infinitiv angehängt. Die 1. und die 3. Person haben keine Endung. Da sämtliche Formen auf diese Art gebildet werden, geben wir hier nur zwei Beispiele an:

	fal**ar**	**ir**
eu	falar	ir
tu	falar**es**	ir**es**
ele/ela	falar	ir
nós	falar**mos**	ir**mos**
eles/elas	falar**em**	ir**em**

Gebrauch
Der flektierte Infinitiv wird verwendet,
- wenn Haupt- und Infinitivsatz verschiedene Subjekte haben.

Eu acho melhor os meus pais falar**em** com ele.	**Ich** finde es besser, wenn **meine Eltern** mit ihm sprechen.

▶ nach einem von einer Präposition oder einem präpositionalen Ausdruck eingeleiteten Satz.

Eles ficaram em casa por estarem gripados.	Sie sind zu Hause geblieben, weil sie erkältet waren.
Ao chegarmos, encontramos a porta aberta.	Als wir ankamen, war die Tür auf.
Não vão embora, antes de falarmos com vocês.	Geht nicht weg, bevor wir mit euch geredet haben.

Als Alternative zu Infinitivsätzen können Sätze mit Konjunktiv verwendet werden. (→ Seite 131)
Ele traz o relatório para que vocês leiam. (Ele traz o relatório para vocês lerem.) — Er bringt den Bericht, damit ihr ihn lest.

▶ nach unpersönlichen Ausdrücken wie *é melhor, é bom, é impossível* etc.

É melhor falarmos com ele.	Es ist besser, wir sprechen mit ihm.

Nach unpersönlichen Ausdrücken wird im gesprochenen ⓑⓟ auch der unflektierte Infinitiv gebraucht. Der Kontext gibt ja an, um welche Subjekte es sich handelt.
É melhor telefonar para ele.   Es ist besser, ihn anzurufen.

Gerundium

Formen

Das Gerundium wird gebildet, indem man beim Infinitiv das *r* durch die Endung -ndo ersetzt.

Infinitiv	Gerundium
falar	falando
ler	lendo
dormir	dormindo

Gebrauch

Das Gerundium bleibt immer unverändert. Es wird verwendet
▶ mit dem Verb *estar*, um die Verlaufsform zu bilden.
(→ Der Indikativ, Seite 114)

| Eles **estão jantando**. | Sie **essen (gerade)** zu Abend. |

▶ um die Gleichzeitigkeit von Handlungen auszudrücken.

| Eles jantam **vendo** televisão. | Sie essen zu Abend **und sehen dabei** fern. |

▶ als adverbiale Nebensätze, um Grund, Art und Weise, Bedingung etc. auszudrücken.

Não **tendo** que fazer, fui ao cinema.	**Da ich** nichts zu tun **hatte**, bin ich ins Kino gegangen.
Ela passa o dia **correndo**.	Sie **rennt** den ganzen Tag.
Fazendo a dieta da maçã, a senhora emagrece.	**Wenn Sie** die Apfeldiät **machen**, nehmen Sie ab.

Das Partizip Perfekt

Formen

Das Partizip Perfekt wird gebildet, indem man beim Infinitiv die Endung -ar durch -ado und die Endungen -er und -ir durch -ido ersetzt.

Infinitiv	fal**ar**	beb**er**	part**ir**
Partizip	fal**ado**	beb**ido**	part**ido**

▶ Einige Verben haben unregelmäßige Formen:

abrir	öffnen	aberto	gastar	ausgeben	gasto
escrever	schreiben	escrito	pagar	bezahlen	pago
dizer	sagen	dito	pôr	stellen	posto
fazer	machen	feito	ver	sehen	visto
ganhar	gewinnen	ganho	vir	kommen	vindo

▶ Einige Verben haben ein regelmäßiges und ein unregelmäßiges Partizip Perfekt.

Infinitiv		regelmäßig	unregelmäßig
aceitar	annehmen	aceitado	aceito [BP]/aceite [EP]
acender	anzünden	acendido	aceso
eleger	wählen	elegido	eleito
entregar	abgeben	entregado	entregue
expulsar	vertreiben	expulsado	expulso
limpar	sauber machen	limpado	limpo
matar	töten	matado	morto
morrer	sterben	morrido	morto
prender	festnehmen	prendido	preso
secar	trocknen	secado	seco
soltar	loslassen	soltado	solto

Gebrauch

▶ Mit dem Hilfsverb *ter* und dem Partizip Perfekt werden die zusammengesetzten Zeiten gebildet. Das Partizip Perfekt bleibt unverändert. (→ Seite 117, 123 ff.)

Ultimamente tenho dormido bem.	In der letzten Zeit schlafe ich gut.
Quando ela chegou, a festa já tinha terminado.	Als sie ankam, war die Party schon vorbei.

▶ Mit den Hilfsverben *ser* und *estar* und dem Partizip Perfekt werden Passivsätze gebildet. Dabei passt sich das Partizip in Genus und Numerus dem Subjekt an. (→ Seite 144 f.)

Os documentos foram abertos.	Die Dokumente **wurden geöffnet**.

▶ Bei den Partizipien mit zwei Formen werden die regelmäßigen Formen mit dem Hilfsverb *ter* für die Bildung der zusammengesetzten Zeiten verwendet, die unregelmäßigen Formen mit den Hilfsverben *ser* und *estar* für die Bildung von Passivsätzen.

A polícia tem prendido muita gente.	Die Polizei **hat** viele Leute **festgenommen**.
Os ladrões estão presos.	Die Diebe **sind festgenommen**.

▶ Partizipien können auch als Adjektive verwendet werden. Sie sind in diesem Fall veränderlich und passen sich dem Substantiv in Genus und Numerus an.

sardinhas assadas	gebackene Sardinen
Os alunos eram divertidos.	Die Schüler waren lustig.

▶ Partizipien können Partizipialsätze bilden. Diese haben die Bedeutung von temporalen Nebensätzen, die im Deutschen durch temporale Adverbialangaben wiedergegeben werden können.

Acabada a sobremesa, foi servido um licor.	Nach dem Nachtisch wurde ein Likör serviert. (*wörtlich:* **Als** der Nachtisch **fertig war**, wurde ein Likör serviert.)

Das Passiv

Aktiv- und Passivsätze vermitteln die gleiche Information, allerdings aus unterschiedlichen Perspektiven.

Vom Aktivsatz zum Passivsatz

Das Subjekt des Aktivsatzes wird zum Objekt des Passivsatzes und umgekehrt.

> Die Sekretärin schickt die Einladungen.
> A secretária envia os convites.
>
> Os convites são enviados pela secretária.
> Die Einladungen werden von der Sekretärin geschickt.

Bildung des Passivs

▶ Das Passiv wird mit dem Hilfsverb *ser* und dem Partizip Perfekt des jeweiligen Hauptverbs gebildet. Der Urheber der Handlung wird in der Regel von der Präposition *por* eingeführt. Oft aber ist der Urheber unbekannt oder seine Nennung unwichtig.

| A canção foi ouvida por muitos. | Das Lied wurde **von** vielen gehört. |
| O treinador foi despedido. | Der Trainer wurde entlassen. |

Falls der Präposition *por* der bestimmte Artikel folgt, muss sie mit dem Artikel verschmelzen. (→ Der Artikel, Seite 26)
O texto é lido pelo professor.   Der Text wird **vom** Lehrer vorgelesen.

Wenn der Präposition ein Personalpronomen folgt, muss die entsprechende Objektform verwendet werden. (→ Die Personalpronomen, Seite 63 ff.)
O desenho foi feito por mim.   Die Zeichnung wurde von **mir** gemacht.

▶ Beim Passiv ist das Partizip Perfekt veränderlich und passt sich dem Subjekt in Genus und Numerus an. (→ Seite 143)

| Ele foi eleito presidente. | Er wurde zum Präsidenten gewählt. |
| Elas foram convidadas. | Sie wurden eingeladen. |

▶ Das Hilfsverb *ser* steht im gleichen Tempus wie das Verb des Aktivsatzes.

Präsens	Ela compra a casa. → A casa é comprada por ela.	Sie **kauft** das Haus. → Das Haus **wird** von ihr **gekauft**.
einfaches Perfekt	Ela comprou a casa. → A casa foi comprada por ela.	Sie **kaufte** das Haus. → Das Haus **wurde** von ihr **gekauft**.
Plusquamperfekt	Ela tinha comprado a casa. → A casa tinha sido comprada por ela.	Sie **hatte** das Haus gekauft. → Das Haus **war** von ihr **gekauft worden**.
Futur	Ela comprará a casa. → A casa será comprada por ela.	Sie **wird** das Haus **kaufen**. → Das Haus **wird** von ihr **gekauft werden**.

Gebrauch des Passivs

Das Passiv wird vor allem in der Schriftsprache in bestimmten Textsorten wie Nachrichten, Gebrauchsanweisungen und Fachtexten gebraucht.

Vorgangs- und Zustandspassiv
Wie im Deutschen unterscheidet auch das Portugiesische zwischen Vorgangs- und Zustandspassiv. Während für den Vorgang das Verb *ser* verwendet wird, wird das Resultat mit *estar* ausgedrückt. Liegt der Schwerpunkt auf der Veränderung des Zustands, wird *ficar* verwendet.

Vorgang	A casa foi destruída pelo fogo.	Das Haus **wurde** vom Feuer **zerstört**.
Zustand	A casa está destruída.	Das Haus **ist zerstört**.
veränderter Zustand	A casa ficou destruída.	Das Haus **wurde zerstört**.

Passiv mit -se
Eine andere Möglichkeit der Passivbildung ist die Konstruktion mit dem Pronomen -se. (→ Reflexivpronomen, Seite 72)

Alugam-se pranchas	Surfbretter zu vermieten. (*wörtlich:* Es **werden** Surfbretter **vermietet**.)

Die Präpositionen 14

Präpositionen (auch „Verhältniswörter" genannt) sind unveränderlich. Sie dienen dazu, zwei Wörter oder Wortgruppen zueinander in Beziehung zu setzen.

1 Welche sind die **wichtigsten Präpositionen**?
2 Was für **Beziehungen** werden durch Präpositionen hergestellt?
3 Wie werden die häufigsten Präpositionen **gebraucht**?

Einfache Präpositionen und präpositionale Ausdrücke

Die wichtigsten einfachen Präpositionen im Überblick

a	nach, zu, an, in	em	in, an, auf
até (a)	bis	entre	zwischen
com	mit	para	für
contra	gegen	por	durch, für, mittels, per, pro, von
de	von, aus	sem	ohne
desde	seit, von ... an	sob	unter
durante	während	sobre	auf, über

Ele vai para Berlim.	Er fährt **nach** Berlin.
Trabalho aqui desde abril.	Ich arbeite hier **seit** April.

Die wichtigsten präpositionalen Ausdrücke im Überblick

Am Ende des Ausdruckes steht immer eine Präposition *(de, a)*.

antes de ↔ depois de	bevor, vor ↔ nach	ao lado de	neben
atrás de ↔ em frente de	hinter ↔ vor	a partir de	ab
à direita de ↔ à esquerda de	rechts von ↔ links von	devido a	wegen, infolge

dentro de ↔ fora de	innerhalb von ↔ außerhalb von	graças a	dank
perto de ↔ longe de	nahe bei ↔ weit von	por causa de	wegen
em cima de ↔ embaixo de ⁽ᴮᴾ⁾/ debaixo de	auf ↔ unter	apesar de	trotz
acima de ⁽ᴮᴾ⁾/por cima de ⁽ᴱᴾ⁾	über	em vez de	statt
acima de ↔ abaixo de	oberhalb von ↔ unterhalb von	quanto a	bezüglich

As fotos estão **em cima da** mesa. Falamos **depois da** aula. Houve um acidente **devido ao** nevoeiro.	Die Fotos liegen **auf dem** Tisch. Wir reden **nach dem** Kurs. **Wegen des** Nebels gab es einen Unfall.

Zur Verschmelzung der Präpositionen → Der Artikel, Seite 26, → Die Personalpronomen, Seite 65, → Die Demonstrativa, Seite 79

Arten von Beziehungen

Die durch die Präpositionen hergestellten Beziehungen zwischen Wörtern oder Wortgruppen sind verschiedener Art.

▶ Die Wortgruppe, die von der Präposition eingeleitet wird, funktioniert wie ein Adjektiv.

uma pedra **de** valor (= valiosa)	ein wertvoller Stein (*wörtlich:* ein Stein **von** Wert)

▶ Die von der Präposition eingeleitete Wortgruppe funktioniert wie eine adverbiale Angabe.

Ela trabalha **em** Beja **desde** maio.	Paulo arbeitet **seit** Mai **in** Beja.

Die Präpositionen

▶ Viele Verben, aber auch Adjektive und Substantive verlangen eine Ergänzung, die von einer Präposition eingeleitet wird. (→ Seite 156 f.)

Todos gostam de bom tempo.	Alle mögen gutes Wetter.
Obrigada por me ajudar.	Danke für die Hilfe.
Temos confiança no diretor.	Wir haben Vertrauen in den Direktor.

Gebrauch der häufigsten Präpositionen

De

▶ Herkunft und Ausgangspunkt

O avião vem de Faro.	Das Flugzeug kommt von Faro.
Ela é do Brasil, de Belém.	Sie kommt aus Brasilien, aus Belém.
Saio de casa às 7.	Ich gehe um 7 aus dem Haus.

▶ Tageszeit, Datum und Beginn einer Zeitdauer

de manhã, de tarde	morgens/vormittags, nachmittags
19 de julho de 2010	19. Juli 2010
das 7 ao meio-dia	von 7 bis Mittag

▶ Besitz und zur Bildung zusammengesetzter Wörter

a casa do Paulo	Paulos Haus, das Haus von Paulo
o livro de exercícios	das Übungsbuch

▶ Material

uma mesa de madeira	ein Holztisch, ein Tisch aus Holz

▶ Ursache

Quase morri de susto.	Ich bin vor Schreck fast gestorben.

Die Präpositionen

▶ Beschreibung von Personen

o homem de barba e de óculos	der Mann **mit** Bart und Brille

▶ Fortbewegungsmittel

Vou de avião para a Madeira. (*aber:* a pé, a cavalo. *Wenn spezifiziert:* no avião das 10:00)	Ich fliege (**mit** dem Flugzeug) nach Madeira. (**zu** Fuß, **zu** Pferd, **mit** dem 10-Uhr-Flug)

Por

▶ Weg durch einen Raum hindurch bzw. an einem Ort vorbei, Bewegung innerhalb eines Raums

Passo por tua casa hoje.	Ich komme heute **bei** dir vorbei.
Ele vai a Lisboa por Paris.	Er fährt **über** Paris nach Lissabon.
Vou viajar pelo Brasil.	Ich werde **in** Brasilien **herum**reisen.

▶ Ungenaue Zeitangabe

Ela volta pelo Natal.	Sie kommt **um** Weihnachten zurück.
Almoço pelas 2:00.	Ich esse **gegen** 2 zu Mittag.

▶ Häufigkeit und Verteilung

Ele treina uma vez por semana.	Er trainiert einmal **in** der Woche.
Ela copiou o texto palavra por palavra.	Sie hat den Text Wort **für** Wort abgeschrieben.

▶ Mittel und Grund

por e-mail, por avião	**per** E-Mail, **per** Luftpost
Nunca viajo por falta de dinheiro.	Ich reise **wegen** Geldmangels nie.

▶ Preis

| Vendo o livro por R$ 30. | Ich verkaufe das Buch **für** R$ 30. |

▶ Urheber im Passivsatz

| A carta foi lida por todos. | Der Brief wurde **von** allen gelesen. |

A

▶ Richtung zum Zielort hin (bei kurzem Aufenthalt)

Vou à biblioteca.	Ich gehe **in** die Bibliothek.
Ele vem a Munique.	Er kommt **nach** München.
Ele chega a São Paulo hoje.	Er kommt heute **in** São Paulo an.

A und *para* nach Verben der Bewegung (*ir*, *vir* und *voltar*) Gebrauch im EP

Im EP wird die Präposition *a* bei einem beabsichtigten kurzen Aufenthalt am Ziel und *para* bei einem längeren Aufenthalt verwendet, wobei diese Entscheidung oft subjektiv ist.

Vou à biblioteca entregar um livro.	Ich gehe **in** die Bibliothek, um ein Buch abzugeben.
Vou para a biblioteca trabalhar.	Ich gehe **in** die Bibliothek, um dort zu arbeiten.
Ele vem a Munique nas férias.	Er kommt im Urlaub **nach** München.
Ele vem para Munique para estudar.	Er kommt **nach** München, um zu studieren.

Gebrauch im ⓑⓅ

Im ⓑⓅ wird zwischen einem beabsichtigten kurzen oder längeren Aufenthalt am Ziel nicht unterschieden. Beide Präpositionen kommen vor, aber *para* wird zunehmend bevorzugt.

Vou para a biblioteca.	Ich gehe **in** die Bibliothek.
Ele vem para Munique.	Er kommt **nach** München.
Ele voltou para Portugal.	Er kehrte **nach** Portugal zurück.

Im ⓑⓅ ist auch *em* gebräuchlich.

Vou na biblioteca.	Ich gehe **in** die Bibliothek.
Ele vem na minha casa hoje.	Er kommt heute **zu** mir.

Weiterer Gebrauch von *a*

▶ Entfernung zum Zielort

Fica a 100 m da praia.	Es liegt 100 m vom Strand.
Fica a dez horas daqui.	Es liegt zehn Stunden von hier.

▶ Tageszeit (→ Zahlen und Zeitangaben, Seite 184 ff.)

à tarde, à noite	nachmittgs, abends/nachts

▶ Regelmäßigkeit

às terças, *auch*: nas terças ⓑⓅ / à terça ⒺⓅ	dienstags

▶ Indirektes Objekt

Ele deu dinheiro ao filho. (Im ⓑⓅ wird *para* bevorzugt.)	Er gab **seinem Sohn** Geld.

▶ Instrument und Mittel

escrever a lápis, feito à mão	**mit** dem Bleistift schreiben, handgemacht

Die Präpositionen

Para

▶ Richtung zum Zielort hin (bei längerem Aufenthalt)

O metrô ᴮᴾ/metro ᴱᴾ vai para o centro.	Die U-Bahn fährt **ins** Zentrum.
Ele vai para o trabalho.	Er geht **zur** Arbeit.

(→ Präposition *a*, Seite 151 ff.)

▶ Zweck, zeitliches Ziel und Empfänger

Estou aqui para ajudar.	Ich bin hier, **um zu** helfen.
Aqui está o dinheiro para as compras.	Hier ist das Geld **für** die Einkäufe.
Esta é a tarefa para amanhã.	Dies ist die Aufgabe **für** morgen.
O café é para ele.	Der Kaffee ist **für** ihn.

Em

▶ Betreten bzw. Erreichen des Zielortes

Ela entra na sala.	Sie tritt **in** das Zimmer ein.
Ele chega em ᴮᴾ São Paulo hoje.	Er kommt heute **in** São Paulo an.

▶ Ort, wo sich etwas/jemand befindet (nach statischen Verben)

Ele está em casa, na sala.	Er ist **zu** Hause, **im** Wohnzimmer.
Os copos estão no/dentro do armário.	Die Gläser sind **im** Schrank.
O quadro está na parede.	Das Bild hängt **an** der Wand.

▶ Zeitpunkt und Zeitdauer

Eles vêm no domingo.	Sie kommen **am** Sonntag.
Estou pronto em dez minutos.	Ich bin **in** zehn Minuten fertig.

Weiterer Gebrauch der Präpositionen im Zusammenhang mit Uhrzeit und Datum → Zahlen und Zeitangaben, Seite 184 ff.

Desde

▶ Räumlicher Ausgangspunkt

| Vim a pé desde o parque. | Ich bin zu Fuß **vom** Park gekommen. |

▶ Zeitlicher Ausgangspunkt

| Ela está doente desde maio. | Sie ist **seit** Mai krank. |

> Anders als im Deutschen werden im Portugiesischen Zeitpunkt und Zeitraum unterschiedlich ausgedrückt. Der Ausgangspunkt wird mit *desde*, der Zeitraum durch eine Konstruktion mit *há/faz* angegeben.
>
> | Ela estuda **há** um ano/ **faz** um ano. | Sie studiert **seit einem Jahr**. |
> | Ela estuda desde o ano passado. | Sie studiert **seit letztem Jahr**. |

Até

▶ Annäherung an den Zielort

| Siga até o ⁽ᴮᴾ⁾/ao ⁽ᴱᴾ⁾ cruzamento. | Gehen Sie **bis zur** Kreuzung. |

▶ Endzeitpunkt

| O nosso curso vai até maio. | Unser Kurs geht **bis** Mai. |

Com/Sem

▶ Begleitung *(com)* bzw. das Gegenteil *(sem)*

| Vou ao cinema com/sem a minha vizinha. | Ich gehe **mit/ohne** meine(r) Nachbarin ins Kino. |

▶ Instrument

| com a faca / sem a faca | **mit** dem Messer / **ohne** das Messer |

▶ Zustand (in einigen festen Ausdrücken)

| estar com fome/com raiva etc. | hungrig/wütend etc. sein |

▶ Weitere Beispiele:

Ele come bife com arroz.	Er isst ein Steak **mit** Reis.
Ele ensina com entusiasmo.	Er unterrichtet **mit** Begeisterung.
Com 17 anos ela saiu de casa.	**Mit** 17 Jahren ging sie von zu Hause weg.

Sobre/Sob

Diese Präpositionen werden im übertragenen Sinn gebraucht.

| Ele vai falar sobre energia solar. | Er wird **über** Solarenergie sprechen. |
| Ela só trabalha sob pressão. | Sie arbeitet nur **unter** Druck. |

Weitere Präpositionen zur räumlichen/zeitlichen Lokalisierung

Räumlich

A estante está atrás do sofá.	Das Regal ist **hinter** dem Sofa.
Ele põe os pés em cima da mesa.	Er legt die Füße **auf** den Tisch.
A foto está embaixo do ᴮᴾ/ debaixo do sofá.	Das Foto liegt **unter** dem Sofa.
Acima daᴮᴾ/Por cima daᴱᴾ mesa há uma lâmpada enorme.	**Über** dem Tisch hängt eine riesige Lampe.
Ele nadou no rio acima da barragem.	Er schwam im Fluss **oberhalb** des Staudamms.
Ele está sentado ao lado da mãe.	Er sitzt **neben** seiner Mutter.

A escola fica longe do centro.	Die Schule ist **weit vom** Zentrum.
Antes da igreja, vire à direita.	**Vor** der Kirche biegen Sie rechts ab.
im übertragenen Sinn: Temperatura acima de/abaixo de zero.	Temperatur **über/unter** Null.

Zeitlich

Ele faz tudo em cima da hora.	Er macht alles in letzter Minute.
um comprimido antes do almoço	eine Tablette **vor dem** Mittagessen
Vamos sair depois do jantar.	**Nach dem** Essen gehen wir weg.

Verben, Adjektive und Substantive mit Präpositionen

Wie im Deutschen verlangen zahlreiche Verben, aber auch Adjektive und Substantive eine Präposition. Hier nur einige Beispiele:

Verb + Präposition

agradecer a/por	jemandem/ für etwas danken	gostar de	mögen
apaixonar-se por	sich verlieben in	interessar-se por	sich interessieren für
assistir a	zuschauen	lembrar-se de	sich erinnern an
começar a	beginnen zu	pensar em	denken an
depender de	abhängen von	sonhar com	träumen von
falar de/sobre	sprechen von/ über	telefonar a/para	anrufen, telefonieren mit

Adjektiv + Präposition

capaz de	fähig sein zu	louco por	verrückt nach
cheio de	voll von	obrigado por	danke für
contente com	zufrieden mit	responsável por	verantwortlich für
disposto a	bereit zu	útil a	nützlich für

Substantiv + Präposition

amor a	Liebe zu	lembranças a	Grüße an
direito a	Recht auf	luta por/ contra	Kampf für/ gegen
interesse por	Interesse für	vontade de	Lust auf

Die Konjunktionen

Konjunktionen verbinden Sätze oder Satzteile miteinander. Sie bestehen aus einem oder mehreren Wörtern.

> 1 Wie werden Konjunktionen **klassifiziert**?
> 2 Welcher **Modus** steht nach welcher Konjunktion?

Koordinierende (beiordnende) Konjunktionen

Koordinierende Konjunktionen verbinden syntaktisch gleichrangige Sätze oder Satzteile und stellen sie in einen logischen Zusammenhang. Sie funktionieren ähnlich wie im Deutschen.

Hier sind einige gängige Konjunktionen und konjunktionale Ausdrücke. Manche werden nur als Paar verwendet.

aneinanderreihend (additiv)	e não só ... mas também tanto ... como	und nicht nur ..., sondern auch sowohl ..., als auch
entgegensetzend, einschränkend (adversativ)	mas porém, no entanto	aber, sondern jedoch, dennoch, trotzdem
alternativ, ausschließend (disjunktiv)	ou ou ... ou não/nem ... nem	oder entweder ... oder weder ... noch
erklärend, begründend (explikativ)	pois, que	denn
folgernd (konklusiv)	logo, portanto por isso	also deshalb

Ela gosta de mel, mas eu não.	Sie mag Honig, **aber** ich nicht.
Não se trata do livro, mas do filme.	Es geht nicht um das Buch, **sondern** um den Film.
Amanhã é feriado, portanto não há aulas.	Morgen ist Feiertag, **also** gibt es keinen Unterricht.
Vamos embora, pois vai começar a chover.	Lass uns gehen, **denn** es wird bald regnen.
Há muitos roubos. No entanto, nunca fui roubado.	Es gibt viele Diebstähle. **Trotzdem** wurde mir nie etwas gestohlen.
Ou passo no exame ou desisto.	**Entweder** ich bestehe die Prüfung **oder** ich gebe auf.
O rapaz nem é alto nem é baixo.	Der Junge ist **weder** groß **noch** klein.

Subordinierende (unterordnende) Konjunktionen

Subordinierende Konjunktionen verbinden Haupt- und Nebensatz. Anders als im Deutschen steht das Verb nicht am Satzende.

Konjunktionen, die Ergänzungssätze einleiten

▶ Die Konjunktionen *que* (dass) und *se* (ob) leiten die indirekte Rede bzw. indirekte Fragen ein. Anders als im Deutschen steht kein Komma vor Ergänzungssätzen. (→ Der Satz, Seite 174)

que	Ele disse que havia bilhetes.	Er sagte, **dass** es Karten gäbe.
se	Ele quer saber se vocês o levam ao aeroporto.	Er will wissen, **ob** ihr ihn zum Flughafen fahrt.

▶ Die Konjunktion *que* leitet weitere Ergänzungssätze ein, die im Indikativ oder im Konjunktiv stehen können. (→ Das Verb, Seite 130 ff.)

Acho que ele tem razão.	Ich glaube, dass er recht hat.
Espero que ela chegue bem.	Ich hoffe, dass sie gut ankommt.

Konjunktionen, die Adverbialsätze einleiten

▶ Folgende Konjunktionen bzw. Konjunktionalausdrücke leiten Adverbialsätze ein:

temporal (Zeit)	quando enquanto antes que logo que, assim que sempre que	als, wenn, immer wenn während, solange bevor, ehe sobald, immer wenn immer wenn
kausal (Grund)	porque, que como visto que, já que	weil da da
konzessiv (Einschränkung)	embora ainda que mesmo que por mais/menos que	obwohl auch wenn selbst wenn so sehr/wenig ... auch
final (Zweck)	para que	damit
konditional (Bedingung)	se caso desde que a não ser que	wenn falls vorausgesetzt, dass es sei denn
konsekutiv (Folge)	de maneira/modo que tão/tanto ... que	sodass so (viel) ... dass
komparativ (Vergleich)	como, como se tal como tão/tanto ... como	wie, als ob so wie so (viel) ... wie
proportional (Verhältnis)	quanto mais/menos ... (tanto) mais/menos	je mehr/weniger ... desto mehr/weniger

Beginnt der Satz mit der Begründung, wird *como* gebraucht. Folgt sie an zweiter Stelle, wird *porque* verwendet.

Como a mala está pesada, vou de táxi.
Da der Koffer schwer ist, nehme ich ein Taxi.

Vou de táxi, *porque* a mala está pesada.
Ich nehme ein Taxi, **weil/da** der Koffer schwer ist.

Indikativ oder Konjunktiv?

Ob das Verb des Nebensatzes im Indikativ oder im Konjunktiv steht, hängt oft von der jeweiligen Konjunktion ab.

Indikativ

Folgende Konjunktionen werden nur mit dem **Indikativ** gebraucht:

porque	Ele não pode beber leite, porque é alérgico.	Er darf keine Milch trinken, **weil** er allergisch ist.
visto que, dado que, já que	Visto que/Dado que/Já que não podem ir ao teatro hoje, vamos amanhã.	**Da** ihr heute nicht ins Theater könnt, gehen wir morgen hin.

Konjunktiv

Folgende Konjunktionen werden nur mit dem **Konjunktiv** gebraucht:

embora	Embora esteja frio, vou vestir um vestido.	**Obwohl** es kalt ist, ziehe ich ein Kleid an.
caso	Caso queiras, fica com o livro.	**Wenn** du willst, behalte das Buch.
a não ser que	Chego às 9:00, a não ser que haja muito trânsito.	Ich komme um 9:00, **es sei denn**, es gibt viel Verkehr.
logo que	Telefono logo que puder.	Ich rufe an, **sobald** ich kann.
antes que	Toma o café antes que arrefeça EP/esfrie BP.	Trink den Kaffee, **bevor** er kalt wird.
como se	Ele falou como se soubesse muito do assunto.	Er redete, **als ob** er viel vom Thema verstehen würde.
por muito/ mais que	Não consigo emagrecer por mais que tente.	Ich nehme nicht ab, **so sehr** ich mich **auch** bemühe.

Indikativ und Konjunktiv

Folgende Konjunktionen werden sowohl mit dem **Indikativ** als auch mit dem **Konjunktiv** gebraucht. Der Indikativ wird gebraucht, wenn eine Tatsache ausgedrückt wird. Soll eine Eventualität ausgedrückt werden, verwendet man dagegen den Konjunktiv.

▶ *quanto mais ... mais* (proportional)

Indikativ	Quanto mais **como**, mais fome tenho.	**Je mehr** ich esse, **desto** hungriger werde ich.
Konjunktiv	Quanto mais **comer**, mais gordo ficarei.	**Je mehr** ich essen würde, **desto** dicker würde ich werden.

▶ *de maneira que* (konsekutiv)

Indikativ	Ela é muito bonita, de maneira que todos **olham** para ela.	Sie ist sehr schön, **sodass** jeder sie anschaut.
Konjunktiv	Ele fala de maneira que todos **olhem** para ele.	Er spricht **so, dass** alle auf ihn aufmerksam werden.

▶ *quando, enquanto, assim que, logo que, sempre que, desde que, até que* (temporal)

Indikativ (temporal)	Quando **conduzo**, gosto de ouvir música.	**(Immer) wenn** ich Auto fahre, höre ich gern Musik.
	Quando **estive** em Lisboa, jantei com o Rui.	**Als** ich in Lissabon war, habe ich mit Rui gegessen.
	Enquanto **tomo** banho, gosto de cantar.	**Während** ich dusche, singe ich gern.
	Logo que ele **chega**, liga a TV.	**(Immer) wenn** er kommt, schaltet er den Fernseher an.
	Desde que **trabalho** neste projeto, tenho mais stress.	**Seit(dem)** ich an diesem Projekt arbeite, habe ich mehr Stress.

| Konjunktiv (Bedingung) | Quando **for** ao Brasil, quero ir ao Rio. | **Wenn/Falls** ich nach Brasilien gehe, möchte ich nach Rio. |
| | Fico na minha casa enquanto **puder**. | Ich wohne bei mir zu Hause, **solange** ich kann. |

Konjunktiv Präsens oder Konjunktiv Futur?

▶ Temporale Konjunktionen können sowohl mit dem Konjunktiv Präsens als auch mit dem Konjunktiv Futur verwendet werden. Im ⓑⓟ wird Letzteres bevorzugt.

| Konjunktiv Präsens | Logo que **saiba**, aviso. | **Sobald** ich etwas erfahre, sage ich Bescheid. |
| Konjunktiv Futur | Logo que **souber**, aviso. | |

▶ Konzessive Konjunktionen wie *embora, a não ser que* oder *por mais que* werden nie mit dem Konjunktiv Futur gebraucht.

▶ Konditionale Konjunktionen wie *caso* oder *desde que* werden ebenfalls nie mit dem Konjunktiv Futur gebraucht.

Die Konjunktion *se* (wenn/falls) in Bedingungssätzen

Tatsache

Bedingungssatz	Hauptsatz
se + **Indikativ**	Indikativ
Se ela **disse** isso, **Wenn** sie das gesagt hat,	estava chateada. war sie sauer.

Eventualität

▶ Die Bedingung ist in der Zukunft erfüllbar.

Bedingungssatz	Hauptsatz
se + **Konjunktiv Futur**	Präsens Indikativ
Se **for** ao cinema, **Falls** ich ins Kino gehe,	telefono. rufe ich an.

▶ Die Bedingung ist in der Gegenwart nicht erfüllbar; in der Zukunft ist ihre Erfüllung sehr unwahrscheinlich.

Bedingungssatz	Hauptsatz
se + **Konjunktiv Futur**	Konditional I/Imperfekt
Se **fosse** ao cinema, **Wenn** ich ins Kino gehen würde,	telefonaria/telefonava. würde ich anrufen.

▶ Die Bedingung wurde in der Vergangenheit nicht erfüllt.

Bedingungssatz	Hauptsatz
se + **Konjunktiv Plusquamperfekt**	Konditional II/Plusquamperfekt
Se **tivesse ido** ao cinema, **Wenn** ich ins Kino gegangen wäre,	teria/tinha telefonado. hätte ich angerufen.

> Der Bedingungssatz kann sowohl vor als auch nach dem Hauptsatz stehen.
>
> In Wunschsätzen kann die Konjunktion *se* entfallen. Dabei wird das Subjekt umgestellt.
> Tivesse **ele** chegado a tempo,   Wäre **er** rechtzeitig gekommen,
> tudo seria diferente.   wäre alles anders verlaufen.

Die Konjunktionen

Der Satz

Der Satz besteht in der Regel aus einem Subjekt, einem Verb, das die Satzstruktur bestimmt, und anderen Satzgliedern, die unterschiedliche Funktionen übernehmen können. Es gibt **einfache** und **komplexe** Sätze.

> 1 Welche **Satztypen** gibt es?
> 2 Wie können zwei **Sätze** miteinander **verbunden** werden?

Einfache Sätze

Wie im Deutschen gibt es im Portugiesischen verschiedene Satztypen.

Der bejahte Aussagesatz

Der bejahte Aussagesatz drückt eine Feststellung oder Aussage aus, die allerdings je nach Kontext auch die Funktion einer Bitte, einer Aufforderung oder eines Wunsches haben kann.

Já é tarde.	Es ist schon spät.
Ele trabalha nesta escola.	Er arbeitet in dieser Schule.
Podia assinar aqui, por favor.	Unterschreiben Sie hier, bitte.
Podíamos ir à praia.	Wir könnten zum Strand gehen.

Stellung von Subjekt, Verb, Objekt(en)
▶ Die normale Satzstellung ist **Subjekt** + **Verb** + **Objekt(e)**, auch wenn der Satz mit einem Adverb anfängt.

	Subjekt	Verb	Objekt	
	Eu	compro	o carro.	Ich kaufe das Auto.
Hoje	eu	compro	o carro.	**Heute** kaufe **ich** das Auto.

Bei zusammengesetzten Zeiten ändert sich – anders als im Deutschen – die Satzstellung nicht.

Subjekt	Verb	Objekt	Verb
Ele	tinha comprado	o carro.	
Er	**hatte**	das Auto	**gekauft**.

▶ Da das Subjekt an der Verbendung schon zu erkennen ist, wird es oft ausgelassen. Wird das Subjekt aber hervorgehoben, steht es im EP nach dem Verb. Im BP ist diese Umstellung nicht üblich.

Vend**i** o carro.	**Ich** habe mein Auto verkauft.
Agora falo **eu**.	Jetzt rede **ich**.
Sei **eu**. EP	(Keiner weiß es.) **Ich** aber.

Das Subjekt wird oft dem Verb nachgestellt
▶ bei Verben, die kein Objekt haben.

Falta o selo.	Es fehlt **die Briefmarke**.
Chegou a encomenda.	**Das Paket** ist angekommen.

▶ bei Zustands- und Vorgangsverben.

Aqui está o dinheiro.	Hier **ist** das Geld.
Em 1974 nasceu o meu filho.	1974 **ist** mein Sohn **geboren**.

▶ bei unpersönlichen Sätzen mit *-se*.

Vende-se mel.	Honig zu verkaufen.

▶ bei eingeschobenen Sätzen in der direkten Rede.

"É verdade" – disse ele.	„Es ist wahr", sagte **er**.

▶ bei kurzen Antworten mit *ser*.

● Quem é o Carlos?	● Wer ist Carlos?
▶ Sou eu. / É ele.	▶ **Ich** bin es. / **Er** ist es.

▶ Bei Verben mit **zwei Objekten** ist die normale Stellung: direktes Objekt + indirektes Objekt.
Ist das indirekte Objekt ein Pronomen, steht es vor dem direkten Objekt.

Ela dá a mala (**direktes** Objekt) ao taxista (**indirektes** Objekt). Ela dá-lhe (**indirektes** Objekt) a mala (**direktes** Objekt).	Sie gibt dem Taxifahrer (**indirektes** Objekt) den Koffer (**direktes** Objekt). Sie gibt **ihm** (**indirektes** Objekt) das Geld (**direktes** Objekt).

Zur Stellung der Objektpronomen → Die Personalpronomen, Seite 67 ff.

Stellung der Adverbialbestimmungen im Satz
(→ Das Adverb, Seite 49)

Hervorhebung von Satzelementen
▶ Durch Veränderung der normalen Satzstellung und Wiederholung des Objektpronomens:

	Wörtlich:
Água com gás, detesto.	Mineralwasser mit Kohlensäure, ich hasse.
A mim, não me interessa.	Mich interessiert das nicht.
O doce, comi-o.	Das Gebäck, ich habe es gegessen.

▶ Durch *é que*:

Ela é que apanhou a fruta.	Sie hat die Frucht gepflückt.

▶ Durch das Verb *ser*:

Eu precisava era de sossego.	Ich bräuchte **vor allem** Ruhe.

Der verneinte Satz

▶ Meistens wird ein Satz durch *não* (nicht, kein/-e), durch andere verneinende Adverbien wie *nunca* (nie), *nem* (nicht) oder Indefinita wie *ninguém* (niemand), *nenhum* (keiner), *nada* (nichts) usw. verneint.

Ele não responde aos e-mails.	Er antwortet **nicht** auf die Mails.
Ele não tem irmãos.	Er hat **keine** Geschwister.
Ele nunca escreveu um livro.	Er hat **nie** ein Buch geschrieben.
Ela não é alta nem baixa.	Sie ist **weder** groß **noch** klein.
Ninguém sabe do filho dele.	**Niemand** weiß, wo sein Sohn ist.

▶ Wenn Indefinita dem Verb folgen, muss vor dem Verb *não* stehen. Dadurch entsteht eine **doppelte Negation**.

Não encontrei ninguém no café.	Ich habe **niemanden** im Café getroffen.
Não gosto nada de peixe.	Ich mag Fisch **überhaupt nicht**.

Im gesprochenen ⓑⓟ ist es üblich, *não* am Ende des Satzes zu wiederholen oder überhaupt ans Satzende zu stellen.

Eu não brinco não.	Nein, ich spiele nicht.
Vou lá não.	Ich gehe nicht dorthin.

Der Fragesatz

Es gibt zwei unterschiedliche Arten von Fragesätzen: Entscheidungs- und Ergänzungsfragen.

Entscheidungsfragen

▶ Sie unterscheiden sich von Aussagesätzen nur durch die Intonation (in der geschriebenen Sprache durch ein Fragezeichen) und nicht – wie im Deutschen – durch Umstellung des Subjekts.

Vocês estudam Direito?	**Studiert ihr Jura?**

▶ Anders als im Deutschen antwortet man im Portugiesischen meistens nicht mit *sim* (ja), sondern mit dem Verb der Frage ohne Subjekt (bei zusammengesetzten Zeiten nur mit dem Hilfsverb).

• Vocês compraram pão? ▶ Compramos.	• Habt ihr Brot gekauft? ▶ Ja.
• O Luís está em casa? ▶ Está.	• Ist Luís zu Hause? ▶ Ja.

• Vocês têm estado com o Zé? ▶ Temos.	• Habt ihr Zé in letzter Zeit gesehen? ▶ Ja.
• Vão comer isso tudo? ▶ Vamos.	• Werdet ihr das alles essen? ▶ Ja.

Sim wird hauptsächlich zur Verstärkung verwendet.

• O Mário saiu? ▶ Saiu, sim.	• Ist Mário weg? ▶ Ja, **bestimmt**.

▶ Möchte man eine Frage verneinen, antwortet man folgendermaßen:

• Ela vem sozinha? ▶ Não. ▶ Não, não vem.	• Kommt sie alleine? ▶ **Nein.** ▶ **Nein**, sie kommt **nicht** alleine.
• Vão comer isso tudo? ▶ Não. / Não, não vamos.	• Werdet ihr das alles essen? ▶ **Nein**, werden wir **nicht**.

▶ Enthält die Frage ein Adverb, kann die bejahte Antwort allein aus diesem Adverb bestehen.

• A farmácia já abriu? ▶ Já.	• Hat die Apotheke **schon** auf? ▶ **Ja.**
• Você ainda está com febre? ▶ Ainda.	• Hast du ᴮᴾ /Haben Sie ᴱᴾ **noch** Fieber? ▶ **Ja.**

▶ Wird die Frage mit dem Adverb verneint, lautet die Antwort folgendermaßen:

• Vocês já estiveram em Parati? ▶ Ainda não. ▶ Não, nunca (lá estivemos).	• Wart ihr schon in Parati? ▶ **Noch nicht**. ▶ **Nein, nie.**

▶ Die verneinende Antwort kann durch Ausdrücke wie *de jeito nenhum, de maneira nenhuma, nem pensar, sei lá* etc. verstärkt werden.

• Ele é uma pessoa enérgica?	• Ist er ein energischer Mensch?
▶ De jeito nenhum.	▶ **Auf keinen Fall.**
• Ele vai mudar de casa?	• Wird er umziehen?
▶ Sei lá.	▶ **Keine Ahnung.**
• Vocês vão ajudar na mudança?	• Werdet ihr beim Umzug helfen?
▶ Nem pensar. Temos exame.	▶ **Auf keinen Fall.** Wir haben eine Prüfung.

▶ Das Portugiesische besitzt kein entsprechendes Wort für „doch". Das Verb wird entweder zweimal wiederholt oder durch *pois/sim* verstärkt. Eine andere Möglichkeit ist der Ausdruck *claro que* + Verb oder *claro que sim*.

• Vocês não comem bacalhau?	• Esst ihr keinen Stockfisch?
▶ Comemos, comemos.	▶ **Doch.** / Selbstverständlich.
▶ Comemos, sim/pois ᴱᴾ.	
▶ Claro que comemos.	

Verstärkung von Entscheidungsfragen

▶ Durch das Anhängen von *não é?* (nicht wahr?/oder?) am Satzende oder *não* + *ser* im gleichen Tempus wie in der Frage können Entscheidungsfragen verstärkt werden. Möglich ist auch, das Verb verneint zu wiederholen.

Ela vai casar, não é?	Sie heiratet, **nicht wahr?**
Ela casou, não casou?	Sie hat geheiratet, **nicht wahr?**

Im ⓑⓟ kann *não é* zu *né* verkürzt werden.
Você leu, né?   Du hast es gelesen, **nicht wahr?**

▶ Wird die Frage verneint, verwendet man im [EP] *pois não?*

[EP]	Tu **não** estás chateado, **pois não?**	Du bist nicht sauer, **oder?**
[BP]	Você **não** está chateado, **não é?**	

Ergänzungsfragen

▶ Ergänzungsfragen werden von einem Fragewort, das normalerweise am Satzanfang steht, eingeleitet. (→ Die Interrogativa, Seite 89 ff.)

▶ Im [EP] steht das Subjekt nach dem Verb, während im [BP] Subjektumstellung in der Regel nicht üblich ist.

[EP]	**Onde**	mora	o João?	**Wo** wohnt **João?**
[BP]		o João	mora?	

▶ Wird nach dem Fragewort der Ausdruck *é que* eingeschoben, erfolgt in der Regel keine Subjektumstellung.

Onde	**é que**	a Sara	mora?	**Wo** wohnt **Sara?**

> Da im [BP] die Subjektumstellung nicht üblich ist, hat *(é) que* nur eine hervorhebende Funktion, die dem Deutschen „denn", „eigentlich" entspricht.
> Onde (é) que você trabalha?   Wo arbeitest du **denn?**

▶ Das Fragewort kann dort stehen, wo die gewünschte Information erfragt wird, auch am Satzende. Dadurch wird es stärker betont. Fragewörter, die auf *-e* enden, erhalten dabei einen Zirkumflex (^).

Vocês jantaram **com quem?**	Ihr habt **mit wem** gegessen?
O Rui encontrou **o quê?**	Rui hat **was** gefunden?
Vocês não vêm? **Por quê**[BP]/ **Porquê**[EP]?	Ihr kommt nicht? **Warum?**

Der Ausrufesatz

▶ Durch einen Ausrufesatz werden spontane Gefühle der Freude, Begeisterung, Bestürzung usw. ausgedrückt.

Que sorte ele teve!	Was für ein Glück er hatte!
Quem diria!	Wer hätte das gedacht!
Como ela é ciumenta!	Wie eifersüchtig sie ist!
(Mas) que bem (que) lhe fica!	Das steht Ihnen (aber) gut!
Ele é tão amável!	Er ist so nett!
Olha tanta/quanta^{BP} gente!	Schau, so viele Menschen!

▶ Außerdem kann man durch eine stärkere Betonung oder durch Dehnung der betonten Vokale oder Silben ein bestimmtes Element hervorheben und so aus einem Aussagesatz einen Ausrufesatz bilden.

As férias foram fantáaaasticas!	Die Ferien waren toll!

Satzbetonung

Im Portugiesischen spielt die Intonation eine große Rolle, da durch sie unterschiedliche Satztypen voneinander unterschieden werden können. Allein durch die Intonation kann man einen bejahten Aussagesatz (fallende Intonation) von einer Entscheidungsfrage (steigende Intonation) unterscheiden. Ob der Satz Bestätigung, Zweifel, Befehl usw. ausdrückt, kann auch durch die Intonation ausgedrückt werden.

Bejahter Aussagesatz	O quarto é bom.	
Entscheidungsfrage	O quarto é bom?	
Ergänzungsfrage	Onde é o quarto?	
Ausrufesatz	Que quarto grande!	

Komplexe Sätze

Komplexe Sätze bestehen aus mehreren Sätzen, d.h. entweder aus einer Folge von gleichrangigen Sätzen (Koordinierung) oder aus einer Folge von Haupt- und Nebensatz (Subordinierung). Im informellen Sprachgebrauch sind koordinierende Sätze üblicher als subordinierende, die eher in einem formellen oder technischen Sprachgebrauch verwendet werden.

Koordinierende Sätze

▶ Zwei gleichrangige Sätze, die zueinander in Beziehung stehen (z.B. Ursache-Folge oder zeitliche Reihenfolge), werden miteinander verbunden.

| Ela é simpática, mas fala muito. | Sie ist nett, **aber** sie redet zu viel. |

(→ Die Konjunktionen, Seite 158 f.)

Subordinierende Sätze

▶ Ein Nebensatz wird mit einem Hauptsatz durch eine Konjunktion oder durch ein Relativpronomen verbunden und hat innerhalb des Hauptsatzes die Funktion eines Subjekts oder Objekts (Nominalsätze), eines Adjektivs (Relativsätze) oder eines Adverbs (Adverbialsätze).
(→ Die Konjunktionen, Seite 159 ff., → Die Relativpronomen, Seite 98 f.)

Ele disse que estava tudo bem.	Er sagte, **dass alles in Ordnung gewesen sei**.
Quero um carro que gaste pouco.	Ich möchte ein Auto, **das wenig verbraucht**.
Sempre que vou ao dentista, fico muito nervosa.	**Immer wenn ich zum Zahnarzt gehe**, werde ich sehr nervös.

▶ Nebensätze können auch durch eine Infinitiv-Konstruktion (bzw. durch ein Gerundium) eingeführt werden.

| É melhor nós sairmos cedo. | Es ist besser, **dass wir früh abfahren**. |

Die indirekte Rede

Die indirekte Rede ist die Wiedergabe einer Aussage bzw. Frage durch eine dritte Person.

"Estou cansado."	Ele disse **que** estava cansado.	**Er sagte, dass** er müde sei.
"Você é médico?"	Ela perguntou **se** ele era médico.	**Sie fragte, ob** er Arzt sei.

Bildung der indirekten Rede

▶ Die indirekte Rede wird durch ein Verb des Sagens oder Denkens und die Konjunktion *que* (dass) eingeleitet. Im Gegensatz zum Deutschen kann im Portugiesischen *que* nicht weggelassen werden, außerdem wird nur in einigen Fällen der Konjunktiv verwendet.

Ela disse **que** o peixe era bom.	Sie sagte, der Fisch sei gut.

▶ Bei der indirekten Frage wird der Nebensatz durch die Konjunktion *se* (ob) eingeleitet.

Ela **perguntou se** o peixe era bom.	Sie **fragte, ob** der Fisch gut sei.

▶ Hier sind einige einleitende Verben:

dizer	sagen	contar	erzählen
afirmar	behaupten	perguntar	fragen
declarar	erklären	responder	antworten
acrescentar	hinzufügen	replicar	erwidern
explicar	erklären		

Anpassung der Pronomen, Zeit- und Ortsadverbien

Pronomen:

direkte Rede	indirekte Rede
eu, tu, você nós, vocês	ele, ela eles, elas
me, te, nos, vos	lhes
meu(s)/minha(s), teu(s)/tua(s), seu(s)/sua(s) nosso(s)/nossa(s), vosso(s)/vossa(s)/seu(s)/sua(s)	dele(s)/dela(s) deles/delas
este(s)/esta(s)/esse(s)/essa(s) isto, isso	aquele(s)/aquela(s) aquilo

Zeit- und Ortsadverbien:

direkte Rede	indirekte Rede
agora hoje ontem amanhã/no próximo ano	naquela altura/naquele tempo naquele dia no dia anterior no dia seguinte/no ano seguinte
aqui, cá aí, ali	ali, lá lá

direkte Rede	indirekte Rede
"Amanhã eu compro-te um bolo aqui nesta confeitaria." „Morgen kaufe **ich dir** einen Kuchen **in diesem** Café **hier**."	A mãe disse que no dia seguinte ela lhe comprava um bolo ali naquela confeitaria. Die Mutter sagte, dass **sie ihm/ihr am nächsten Tag** einen Kuchen **in diesem** Café **dort** kaufen würde.

Zeitanpassung direkte vs. indirekte Rede

▶ Das Verb des Hauptsatzes steht im **einfachen Perfekt**.

direkte Rede	indirekte Rede
Ele disse que / Er sagte, dass	
Präsens "O restaurante é bom." „Das Restaurant ist gut."	**Imperfekt** o restaurante era bom. das Restaurant gut sei.
Imperfekt "Em 2004 eu vivia em Bona." „2004 lebte ich in Bonn."	**Imperfekt** em 2004 (ele) vivia em Bona. er 2004 in Bonn gelebt habe/hätte.
einfaches Perfekt "Nós demos uma festa." „Wir haben ein Fest gegeben."	**Plusquamperfekt** (eles) tinham dado uma festa. sie ein Fest gegeben haben/hätten.
Futur "Nós partiremos às 7:00." „Wir werden um 7:00 abfahren."	**Konditional** (eles) partiriam às 7:00. sie um 7:00 abfahren würden.
Konjunktiv "Talvez (eu) vá ao cinema." „Vielleicht gehe ich ins Kino." "Embora eu estivesse doente, ..." „Obwohl ich krank war, ..." "Se (eu) tiver tempo, telefono." „Falls ich Zeit habe, rufe ich an."	**Konjunktiv Imperfekt** talvez (ele) fosse ao cinema. er vielleicht ins Kino gehen würde. embora (ele) estivesse doente, ..., obwohl er krank gewesen sei. se (ele) tivesse tempo, telefonava. er anrufen würde, falls er Zeit habe/hätte.

Ele pediu que	
Er bat darum, dass	
Imperativ	**Konjunktiv Imperfekt**
"Dá-me um beijo!"	lhe desse um beijo.
„Gib mir einen Kuss!"	sie ihm einen Kuss gibt.
	Alternativ (Infinitivsatz):
	para lhe dar um beijo.

▶ Wenn das Verb des Hauptsatzes im **Präsens** steht, ist nur im Imperativ eine Änderung notwendig.

direkte Rede	indirekte Rede
Ele diz que	
Er sagt, dass	
Präsens	**Präsens**
"O restaurante é bom."	o restaurante é bom.
„Das Restaurant ist gut."	das Restaurant gut sei.
Imperfekt	**Imperfekt**
"Em 2004 eu vivia em Bona."	em 2004 (ele) vivia em Bona.
„2004 lebte ich in Bonn."	er 2004 in Bonn gelebt habe/ hätte.
Ele pede que	
Er bittet darum, dass	
Imperativ	**Konjunktiv Imperfekt**
"Dá-me um beijo!"	lhe dê um beijo.
„Gib mir einen Kuss!"	sie ihm einen Kuss gibt.
	Alternativ (Infinitivsatz):
	para lhe dar um beijo.

Zahlen und Zeitangaben

> 1 Welche **Kategorien von Zahlen** gibt es und wie werden sie ausgedrückt?
> 2 Wie werden **Uhrzeit** und **Datum** angegeben?

Zahlen

Grundzahlen

Die Grundzahlen haben bis auf wenige Ausnahmen die Funktion von Adjektiven. Einige verändern ihre Form nach Genus und Numerus. Beim Zählen wird aber die Maskulinform verwendet (um, dois, duzentos, trezentos).

0	zero	16	dezasseis ᴱᴾ/dezesseis ᴮᴾ
1	um, uma	17	dezassete ᴱᴾ/dezessete ᴮᴾ
2	dois, duas	18	dezoito
3	três	19	dezanove ᴱᴾ/dezenove ᴮᴾ
4	quatro	20	vinte
5	cinco	21	vinte e um
6	seis	22	vinte e dois
7	sete	30	trinta
8	oito	40	quarenta
9	nove	50	cinquenta
10	dez	60	sessenta
11	onze	70	setenta
12	doze	80	oitenta
13	treze	90	noventa
14	catorze	100	cem
15	quinze	101	cento e um

130	cento e trinta	1000	mil
200	duzentos/-as	1001	mil e um
300	trezentos/-as	1200	mil e duzentos
400	quatrocentos/-as	1249	mil duzentos e quarenta e nove
500	quinhentos/-as		
600	seiscentos/-as	555.999	quinhentos e cinquenta e cinco mil, novecentos e noventa e nove
700	setecentos/-as		
800	oitocentos/-as	1.000.000	um milhão
900	novecentos/-as	2.800.000	dois milhões e oitocentos mil
		1.000.000.000	mil milhões [EP] / um bilhão [BP] } eine Milliarde
		1.000.000.000.000	um bilião [EP] / um trilhão [BP] } eine Billion

▶ In Brasilien wird die Zahl 6 *(seis)* beim Aufsagen von Telefonnummern *meia* genannt.

Tel.: 3086 42 36 (três zero oito meia – quatro dois – três meia)

▶ *Cem* steht nur für die Zahl hundert (100). Für die Zahlen zwischen 101 und 199 wird die Form *cento* gebraucht.

cem alunos	hundert Schüler
cento e trinta alunos	hundertdreißig Schüler

▶ Zwischen Zehnern ab 20 und Einern steht ein *e*, desgleichen zwischen Hundertern und Zehnern – im Gegensatz zum Deutschen.

25	vinte e cinco dias (= 20 + 5)	**fünfund**zwanzig Tage (= 5 + 20)
825	oitocentos e vinte e cinco reais	achthundertfünfundzwanzig Real

▶ Zwischen Tausendern und Hundertern steht ebenfalls ein *e*, allerdings nicht, wenn Zehner und Einer folgen.

2500	dois mil e quinhentos **aber**
2524	dois mil quinhentos e vinte e quatro

Genus und Numerus der Grundzahlen

▶ Die Zahlen *um* und *dois* und alle Zahlen, die auf *um* und *dois* enden, haben eine Maskulin- und eine Femininform, ebenso die Hunderter-Zahlen ab 200.

um homem, uma mulher	ein Mann, eine Frau
dois homens, duas mulheres	zwei Männer, zwei Frauen
vinte e duas mulheres	zweiundzwanzig Frauen
duzentos homens e trezentas mulheres	zweihundert Männer und dreihundert Frauen

Die Zehner von 30 bis 90 sind unveränderlich. Die Endung auf *-a* ist kein Kennzeichen für das Femininum: *quarenta* (40), *setenta* (70).

▶ Die Zahl *zero* ist ein Substantiv und hat deshalb eine Pluralform.

um número com seis zeros	eine Zahl mit sechs **Nullen**

▶ Die Formen *milhão*, *bilião*[EP]/*bilhão*[BP] und *trilião*[EP]/*trilhão*[BP] sind ebenfalls Substantive. Die Pluralform ist: *milhões*, *biliões/bilhões*, *triliões/trilhões*. Folgt auf diese Zahlen ein Substantiv, werden sie mit der Präposition *de* verbunden.

dois milhões de euros	zweitausend Euro

Ordnungszahlen

Anders als im Deutschen steht bei der Abkürzung ein hochgestelltes *o* für die Maskulinform und ein *a* für die Femininform.

1º/1ª	primeiro/-a	20º/20ª	vigésimo/- a
2º/2ª	segundo/-a	30º/30ª	trigésimo/-a
3º/3ª	terceiro/-a	40º/40ª	quadragésimo/-a
4º/4ª	quarto/-a	50º/50ª	quinquagésimo/-a
5º/5ª	quinto/-a	60º/60ª	sexagésimo/-a
6º/6ª	sexto/-a	70º/70ª	septuagésimo/-a
7º/7ª	sétimo/-a	80º/80ª	octogésimo/-a
8º/8ª	oitavo/-a	90º/90ª	nonagésimo/-a
9º/9ª	nono/-a	100º/100ª	centésimo/-a
10º/10ª	décimo/-a	1000º/1000ª	milésimo/-a
11º/11ª	décimo primeiro/décima primeira etc.		

▶ Ordnungszahlen können als Adjektiv gebraucht werden und stimmen dann in Genus und Numerus mit dem Substantiv überein, auf das sie sich beziehen. Sie werden immer dem Substantiv vorangestellt.

Eles moram no 2º andar. Vire na segunda rua à esquerda.	Sie wohnen im 2. Stock. Biegen Sie an der zweiten Straße links ab.

▶ Im Portugiesischen werden Ordnungszahlen seltener gebraucht als im Deutschen und ab 20 meistens durch die entsprechenden Grundzahlen ersetzt.

Fica no 35º andar. = Fica no andar (nº) 35.	Es ist in der 35. Etage.

▶ Bei Monarchen, Päpsten und Jahrhunderten gelten folgende Regeln: Bis 10 wird die Ordnungszahl, ab 10 die Grundzahl verwendet, und zwar ohne Artikel dem Substantiv nachgestellt. Sie werden mit lateinischen Ziffern angegeben. Im ⓑⓟ sind auch arabische Ziffern üblich.

D. Afonso IV (quarto)	Alfons der Vierte
Luís XIV (catorze)	Ludwig der XIV. (Ludwig der Vierzehnte)
no séc. (século) V/5º ⓑⓟ(quinto)	im 5. Jahrhundert
no séc. XX/20 ⓑⓟ (vinte)	im 20. Jahrhundert (*wörtlich:* im Jh. zwanzig)

▶ Die Wochentage von Montag bis Freitag werden mit Ordnungszahlen wiedergegeben. Beachten Sie: terça (statt *terceira*).

segunda(-feira)	2ª	Montag
terça(-feira)	3ª	Dienstag
quarta(-feira)	4ª	Mittwoch
quinta(-feira)	5ª	Donnerstag
sexta(-feira)	6ª	Freitag

Bruchzahlen

▶ Die Bruchzahlen werden mit Ausnahme der zwei ersten *(um meio, um terço)* wie folgt gebildet: Im Zähler steht die Grundzahl, im Nenner die Ordnungszahl.

½ (um) meio metade	⅕ um quinto	⅛ um oitavo	¹⁄₁₀₀ um centésimo
⅓ um terço	⅙ um sexto	⅑ um nono	¹⁄₁₀₀₀ um milésimo
¼ um quarto	⅐ um sétimo	¹⁄₁₀ um décimo	

▶ Folgt auf eine Bruchzahl ein Substantiv, werden beide mit der Präposition *de* verbunden.

dois terços do ordenado	zwei Drittel des Verdienstes
meio litro de cerveja	ein halber Liter Bier
dez por cento da dívida	zehn Prozent der Schulden

Weitere Arten von Zahlen

▶ **Zahlen mit Komma**, **Prozentzahlen** sowie **Flächen- und Raummaße** werden folgendermaßen gelesen:

0,25	zero vírgula vinte e cinco
10 %	dez por cento
30 m²	trinta metros quadrados
10 m³	dez metros cúbicos

▶ **Kollektivzahlen** sind Substantive. Da meist die deutsche Entsprechung fehlt, werden diese Zahlen mit „etwa" oder „circa" wiedergegeben.

Menge	um par	dois pares de meias	zwei Paar Socken
	uma dezena	uma dezena de pessoas	**etwa zehn** Menschen
	uma dúzia	uma dúzia de cravos	ein **Dutzend** Nelken
	uma centena	uma centena de pães	**etwa hundert** Brötchen
	um milhar	milhares de litros de petróleo	**tausende** Liter Öl
Zeit	uma quinzena	Passamos uma quinzena de agosto na praia.	Wir haben im August **zwei Wochen** am Strand verbracht.
	um trimestre	As notas no 2° trimestre melhoraram.	Die Noten im 2. **Trimester** haben sich verbessert.
	um semestre	Estou no quinto semestre.	Ich bin im fünften **Semester**.
	uma década	na década de setenta	in den siebziger **Jahren** (*wörtlich:* Jahrzehnt)
	um século	Há pessoas que vivem mais de um século.	Es gibt Menschen, die länger als ein **Jahrhundert** leben.
	um milénio ᴱᴾ/ milênio ᴮᴾ	Muitas pessoas festejaram a passagem do milénio.	Viele haben den **Jahrtausend**wechsel gefeiert.

▶ Bei den **Vervielfältigungszahlen** sind nur die zwei ersten Zahlen gebräuchlich. Für die anderen Formen wird die Konstruktion Zahl + *vezes* bevorzugt.

duplo – o dobro	doppelt – das Doppelte
triplo – o triplo	dreifach – das Dreifache

Este anel custa o dobro.	Dieser Ring kostet **das Doppelte**.
Ele tem uma vida dupla.	Er führt ein **Doppel**leben.
Isto custa cinco vezes mais.	Das kostet **fünfmal** so viel.

Zeitangaben

Uhrzeit

▶ Die Uhrzeit wird mit dem Verb *ser* + Zahl + *hora(s)* erfragt und angegeben. Bei der Frage steht das Verb immer im Plural. Bei der Angabe steht das Verb im Singular oder im Plural. Bitte beachten Sie: Das Substantiv *hora* ist feminin, daher müssen auch die Femininformen der Zahlen *(uma, duas)* gebraucht werden.

	• Que horas são?	• Wie spät ist es? (*wörtlich:* Wie viele Stunden sind es?)
1:00	▶ (É) uma hora.	▶ Es ist ein Uhr.
12:00	▶ (É) meio-dia.	▶ Es ist Mittag.
24:00	▶ (É) meia-noite.	▶ Es ist Mitternacht.
2:00	▶ (São) duas horas.	▶ Es ist zwei Uhr.
10:10 10:15	▶ (São) dez e dez. ▶ (São) dez e quinze/e um quarto ᴱᴾ.	▶ Die Minuten werden in der ersten Hälfte der Stunde mit *e* zu der Stunde hinzugefügt. ▶ Die Wörter *hora(s)* und *minuto(s)* werden in der Regel ausgelassen. ▶ Im ᴮᴾ wird die Alternativform *um quarto* (Viertel) selten verwendet.
12:30 10:30	▶ (É) meio-dia e meia. ▶ (São) dez e meia.	▶ Bei halben Stunden wird – anders als im Deutschen – *meia (hora)* zur vollen Stunde hinzugefügt.
10:40 8:45	▶ (São) vinte para as onze. ▶ (São) onze menos vinte ᴱᴾ. ▶ (São) quinze para as nove/ um quarto ᴱᴾ para as nove.	▶ Bei der zweiten Hälfte der Stunde werden die fehlenden Minuten zur nächsten vollen Stunde mit der Präposition *para* hinzugefügt. ▶ In manchen Regionen Portugals wird von der nächsten vollen Stunde ausgegangen, von der die fehlenden Minuten abgezogen werden. (*menos* = weniger)

▶ Offizielle Zeitangaben (Fahrpläne, Medien) folgen dem gleichen System wie im Deutschen.

20:45 O avião parte às vinte e quarenta e cinco.	Der Abflug ist um zwanzig Uhr fünfundvierzig.

▶ Mit der Frage *A que horas?* fragt man nach einem bestimmten Zeitpunkt. Vor der Uhrzeit steht ein Artikel, der mit der Präposition verschmilzt.

• A que horas é que o Luís vem? ▶ Deve vir às 3 (horas).	• Um wie viel Uhr kommt Luís? ▶ Wahrscheinlich um 3 (Uhr).

▶ In Verbindung mit einer Uhrzeit steht *da* (Präposition *de* + Artikel *a*) vor der Tageszeit.

às dez da manhã/da noite à uma da tarde	um 10 Uhr vormittags/abends um 3 Uhr nachmittags

▶ Bei der Angabe von Tageszeiten wird für *manhã* immer die Präposition *de* (ohne Artikel) verwendet. Für die übrigen Tageszeiten (*tarde, noite*) bevorzugt das Ⓑ ebenfalls die Präposition *de*, während im ㉥ die Präposition *a* (mit Artikel) gebräuchlicher ist.

Ⓑ Tenho aulas de manhã, de (à) tarde e de (à) noite.	Ich habe vormittags, nachmittags und abends Unterricht.
㉥ Tenho aulas de manhã, à (de) tarde e à noite.	

▶ Für eine Zeitspanne verwendet man *de ... a*. Achten Sie auf die Verschmelzung der Präpositionen mit dem Artikel.

Trabalho da uma às sete.	Ich arbeite **von** eins **bis** sieben.

Datum

▶ Anders als im Deutschen wird das Datum im Portugiesischen durch Grundzahlen ohne Artikel angegeben.

● Que dia é hoje? ▶ Hoje é dia 5 de junho. ● Quantos são hoje? ᴱᴾ ▶ Hoje são 5 de junho.	● Der Wievielte ist heute? ▶ Heute ist **der 5.** Juni.

Für den ersten Tag des Monats wird im ⒝ᴾ die Ordnungszahl verwendet, während im ᴱᴾ dies nur bei besonderen Tagen (wie *1° de Maio*) üblich ist.
Hoje é primeiro ⒝ᴾ/1° ᴱᴾ de outubro. Heute ist der **erste** Oktober.

▶ Jahresangaben werden anders als im Deutschen ausgesprochen:

2010	dois mil e dez	zweitausendzehn
1998	mil novecentos e noventa e oito	*wörtlich*: tausendneunhundertachtundneunzig

▶ Das Datum in Briefen wird folgendermaßen angegeben:

Faro, 10 de maio de 2010   Faro, 10.05.10   Faro, 10/5/2010

▶ Zeitangaben von Ereignissen werden durch *no dia* oder mit den Präpositionen *a* oder *em* ohne Artikel angegeben.

Ele vai casar no dia 21 de julho.	Er heiratet **am** 21. Juli.
A revolução foi a/em 25 de abril de 1974.	Die Revolution fand **am** 25. April 1974 statt.

▶ Weitere Zeitangaben:

ohne Artikel: Monat, Jahr	
Nasci em maio.	Ich bin **im** Mai geboren.
Ele morreu em 1988. *auch möglich:* no ano de 1988	Er ist 1988 gestorben. **im Jahr** 1988
mit Artikel: Jahreszeiten, Feste	
Temos férias no verão.	Die Ferien sind **im** Sommer.
No Natal estou em casa.	**An** Weihnachten bin ich zu Hause.

Verbtabellen

Verbtabelle 1 – Regelmäßige Verben

Einfache Formen

| Infinitiv | Indikativ | | | | Konditional | Konjunktiv |
	Präsens	Perfekt	Imperfekt	Futur		Präsens
-ar falar sprechen	falo falas fala falamos falam	falei falaste falou falamos/ falámos [EP] falaram	falava falavas falava falávamos falavam	falarei falarás falará falaremos falarão	falaria falarias falaria falaríamos falariam	fale fales fale falemos falem
-er beber trinken	bebo bebes bebe bebemos bebem	bebi bebeste bebeu bebemos beberam	bebia bebias bebia bebíamos bebiam	beberei beberás beberá beberemos beberão	beberia beberias beberia beberíamos beberiam	beba bebas beba bebamos bebam
-ir partir teilen, abfahren	parto partes parte partimos partem	parti partiste partiu partimos partiram	partia partias partia partíamos partiam	partirei partirás partirá partiremos partirão	partiria partirias partiria partiríamos partiriam	parta partas parta partamos partam

Konjunktiv		Imperativ		Nominalformen		
Imperfekt	Futur	bejaht	verneint	flektierter Infinitiv	Gerundium	Partizip
falasse	falar			falar	falando	falado
falasses	falares	fala	não fales	falares		
falasse	falar	fale	não fale	falar		
falássemos	falarmos	falemos	não falemos	falarmos		
falassem	falarem	falem	não falem	falarem		
bebesse	beber			beber	bebendo	bebido
bebesses	beberes	bebe	não bebas	beberes		
bebesse	beber	beba	não beba	beber		
bebêssemos	bebermos	bebamos	não bebamos	bebermos		
bebessem	beberem	bebam	não bebam	beberem		
partisse	partir			partir	partindo	partido
partisses	partires	parte	não partas	partires		
partisse	partir	parta	não parta	partir		
partíssemos	partirmos	partamos	não partamos	partirmos		
partissem	partirem	partam	não partam	partirem		

Zusammengesetzte Formen

Indikativ			Konditional
Perfekt	Plusquamperfekt	Futur	
tenho, tens, tem, temos, têm } falado / bebido / partido	tinha, tinhas, tinha, tínhamos, tinham } falado / bebido / partido	terei, terás, terá, teremos, terão } falado / bebido / partido	teria, terias, teria, teríamos, teriam } falado / bebido / partido

	Verlaufsform	
Futur mit *ir*	(BP)	(EP)
vou, vais, vai, vamos, vão } falar / beber / partir	estou, estás, está, estamos, estão } falando / bebendo / partindo	estou, estás, está, estamos, estão } a falar / a beber / a partir

Konjunktiv

Perfekt	Plusquamperfekt	Futur
tenha tenhas tenha tenhamos tenham } falado bebido partido	tivesse tivesses tivesse tivéssemos tivessem } falado bebido partido	tiver tiveres tiver tivermos tiverem } falado bebido partido

Nominalformen

flektierter Infinitiv	Infinitiv	Gerundium
ter teres ter termos terem } falado bebido partido	ter } falado bebido partido	tendo } falado bebido partido

Verbtabelle 2 – Verben mit geringfügigen Unregelmäßigkeiten

Bei diesen Verben ist die 1. Person Präsens immer unregelmäßig (folglich auch alle Formen des Konjunktiv Präsens). Bei *sair, ler* und *rir* gibt es außerdem Unregelmäßigkeiten in der 2. und/oder 3. Person. Alle anderen Formen werden nach dem Muster der regelmäßigen Verben konjugiert.

	dormir	**ouvir**	**preferir**
	schlafen	hören	vorziehen
eu	durmo	ouço	prefiro
tu	dormes	ouves	preferes
ele/ela	dorme	ouve	prefere
nós	dormimos	ouvimos	preferimos
eles/elas	dormem	ouvem	preferem
	ebenso: cobrir tossir	*ebenso:* pedir despedir medir	*ebenso:* conferir conseguir divertir-se referir repetir seguir sentir servir vestir

	sair	**ler**	**rir**	**perder**
	ausgehen	lesen	lachen	verlieren
eu	saio	leio	rio	perco
tu	sais	lês	ris	perdes
ele/ela	sai	lê	ri	perde
nós	saímos	lemos	rimos	perdemos
eles/elas	saem	leem	riem	perdem
	ebenso: atrair cair	*ebenso:* reler	*ebenso:* sorrir	

Einige Verben sind im Indikativ Präsens in der 2. und 3. Person Singular (folglich auch in der 2. Person Singular des bejahten Imperativs) und in der 3. Person Plural (jedoch nicht *contribuir*) unregelmäßig. Andere weisen auch in der 1. Person Singular Unregelmäßigkeiten (folglich in allen Personen des Konjunktiv Präsens) auf. Die übrigen Formen werden nach dem Muster der regelmäßigen Verben konjugiert.

	subir	construir	agredir	contribuir	odiar	passear
	hinaufsteigen	bauen	angreifen	beitragen	hassen	spazieren gehen
eu	subo	construo	agrido	contribuo	odeio	passeio
tu	sobes	constróis	agrides	contribuis	odeias	passeias
ele/ela	sobe	constrói	agride	contribui	odeia	passeia
nós	subimos	construímos	agredimos	contribuímos	odiamos	passeamos
eles/elas	sobem	constroem	agridem	contribuem	odeiam	passeiam
	ebenso: sumir fugir	*ebenso:* destruir	*ebenso:* prevenir progredir	*ebenso:* distribuir	*ebenso:* ansiar	*ebenso:* recear pentear

Verbtabelle 3 – Unregelmäßige Verben

Infinitiv	Indikativ		Konjunktiv			bejahter Imperativ
	Präsens	Perfekt	Präsens	Imperfekt	Futur	
dar geben	dou dás dá damos dão	dei deste deu demos deram	dê dês dê demos deem	desse desses desse déssemos dessem	der deres der dermos derem	dá dê demos deem
dizer sagen	digo dizes diz dizemos dizem	disse disseste disse dissemos disseram	diga digas diga digamos digam	dissesse dissesses dissesse disséssemos dissessem	disser disseres disser dissermos disserem	diz diga digamos digam
estar sein	estou estás está estamos estão	estive estiveste esteve estivemos estiveram	esteja estejas esteja estejamos estejam	estivesse estivesses estivesse estivéssemos estivessem	estiver estiveres estiver estivermos estiverem	está esteja estejamos estejam
fazer machen, tun	faço fazes faz fazemos fazem	fiz fizeste fez fizemos fizeram	faça faças faça façamos façam	fizesse fizesses fizesse fizéssemos fizessem	fizer fizeres fizer fizermos fizerem	faz faça façamos façam
haver	há (es gibt)	houve	haja	houvesse	houver	
ir gehen, fahren, fliegen	vou vais vai vamos vão	fui foste foi fomos foram	vá vás vá vamos vão	fosse fosses fosse fôssemos fossem	for fores for formos forem	vai vá vamos vão
poder können, dürfen	posso podes pode podemos podem	pude pudeste pôde pudemos puderam	possa possas possa possamos possam	pudesse pudesses pudesse pudéssemos pudessem	puder puderes puder pudermos puderem	*nicht gebräuchlich*
pôr legen, stellen, setzen	ponho pões põe pomos põem	pus puseste pôs pusemos puseram	ponha ponhas ponha ponhamos ponham	pusesse pusesses pusesse puséssemos pusessem	puser puseres puser pusermos puserem	põe ponha ponhamos ponham

	Indikativ		Konjunktiv			bejahter Imperativ
Infinitiv	Präsens	Perfekt	Präsens	Imperfekt	Futur	
querer wollen	quero queres quer queremos querem	quis quiseste quis quisemos quiseram	queira queiras queira queiramos queiram	quisesse quisesses quisesse quiséssemos quisessem	quiser quiseres quiser quisermos quiserem	nicht gebräuchlich
saber wissen, können	sei sabes sabe sabemos sabem	soube soubeste soube soubemos souberam	saiba saibas saiba saibamos saibam	soubesse soubesses soubesse soubéssemos soubessem	souber souberes souber soubermos souberem	nicht gebräuchlich
ser sein	sou és é somos são	fui foste foi fomos foram	seja sejas seja sejamos sejam	fosse fosses fosse fôssemos fossem	for fores for formos forem	sê seja sejamos sejam
ter haben	tenho tens tem temos têm	tive tiveste teve tivemos tiveram	tenha tenhas tenha tenhamos tenham	tivesse tivesses tivesse tivéssemos tivessem	tiver tiveres tiver tivermos tiverem	tem tenha tenhamos tenham
trazer (hierher) bringen	trago trazes traz trazemos trazem	trouxe trouxeste trouxe trouxemos trouxeram	traga tragas traga tragamos tragam	trouxesse trouxesses trouxesse trouxéssemos trouxessem	trouxer trouxeres trouxer trouxermos trouxerem	traz traga tragamos tragam
ver sehen	vejo vês vê vemos veem	vi viste viu vimos viram	veja vejas veja vejamos vejam	visse visses visse víssemos vissem	vir vires vir virmos virem	vê veja vejamos vejam
vir (hierher) kommen	venho vens vem vimos vêm	vim vieste veio viemos vieram	venha venhas venha venhamos venham	viesse viesses viesse viéssemos viessem	vier vieres vier viermos vierem	vem venha venhamos venham

Indikativ Imperfekt: Nur 4 Verben haben unregelmäßige Formen.
pôr: punha, punhas, punha, púnhamos, punham
ser: era, eras, era, éramos, eram
ter: tinha, tinhas, tinha, tínhamos, tinham
vir: vinha, vinhas, vinha, vínhamos, vinham

Alle anderen bilden das Imperfekt nach dem Muster der regelmäßigen Verben: Verben auf *-ar* → *-ava, -avas, etc.*, Verben auf *-er* und *-ir* → *-ia, -ias, etc.* (→ Verbtabelle 1, Seite 188)

Indikativ Futur: Nur 3 Verben sind unregelmäßig.
dizer: direi, dirás, dirá, diremos, dirão
fazer: farei, farás, fará, faremos, farão
trazer: trarei, trarás, trará, traremos, trarão
Alle anderen bilden das Futur nach dem Muster der regelmäßigen Verben: Infinitiv + *-ei, -ás, etc.* (→ Verbtabelle 1, Seite 188)

Konditional: Die 3 Verben, die im Futur unregelmäßig sind, sind es auch im Konditional.
dizer: diria, dirias, diria, diríamos, diriam
fazer: faria, farias, faria, faríamos, fariam
trazer: traria, trarias, traria, traríamos, trariam
Alle anderen bilden das Futur nach dem Muster der regelmäßigen Verben: Infinitiv + *-ia, -ias, etc.* (→ Verbtabelle 1, Seite 188)

Verneinter Imperativ: Alle Formen sind identisch mit dem Konjunktiv Präsens. Beispiel: dar: não dês, não dê, etc. (→ Verbtabelle 3, Seite 195 f.)

Gerundium: Alle Verben bilden das Gerundium nach dem Muster der regelmäßigen Verben: Das *-r* des Infinitivs wird jeweils durch *-ndo* ersetzt. Beispiele: estar: estando, ir: indo, etc.
(→ Verbtabelle 1, Seite 189)

Partizip Perfekt: Die meisten Verben folgen dem Muster der regelmäßigen Verben. (→ Verbtabelle 1, Seite 189) Die folgenden Partizipien sind unregelmäßig:
dizer: dito, fazer: feito, pôr: posto, ver: visto, vir: vindo.

Futur, Verlaufsform und zusammengesetzte Zeiten: Sie werden wie die entsprechenden Zeiten der regelmäßigen Verben gebildet: Hilfsverben *ir / estar / ter* + Infinitiv / Gerundium / Partizip Perfekt. (→ Verbtabelle 1, Zusammengesetzte Formen, Seite 190 f.)

Tests

TEST 1: Das Substantiv

A *O* oder *a*? Geben Sie das Genus der folgenden Substantive an.
a. __ correio
b. __ praça
c. __ museu
d. __ sofá
e. __ lugar
f. __ reunião
g. __ papel
h. __ idade
i. __ problema

B Wie heißt die Feminin- bzw. die Maskulinform?
a. o professor _____
b. o ator _____
c. o irmão _____
d. o colega _____
e. a mãe _____
f. a avó _____
g. a dentista _____
h. o homem _____

C Setzen Sie die folgenden Substantive in den Plural.
a. o céu _____
b. o jornal _____
c. o mês _____
d. o juiz _____
e. o lápis _____
f. o cantor _____
g. a vantagem _____
h. a couve-flor _____

TEST 2: Der Artikel

A Artikel oder nicht?
a. Nós somos de __ Berlim.
b. __ Porto fica no norte de __ Portugal.
c. Eles estudam __ biologia.
d. Comprei __ meio quilo de uvas.
e. __ Alemanha tem fronteira com __ Áustria.
f. Lavo __ copos do almoço?
g. Elas gostam de __ natação.
h. Ele toca __ saxofone.
i. Você sabe falar __ japonês?
j. Onde está __ guitarra do Rui?

B Bestimmter oder unbestimmter Artikel?
a. __ leite é rico em cálcio.
b. Desculpe, há __ banco aqui perto?
c. Ele usava __ camisa branca.
d. Abra __ malas.
e. Eu acho que o ator deve ter __ 60 anos.

TEST 3: Das Adjektiv

A Gleichen Sie die Adjektive an.
a. Ele é _____, mas ela é _____. São _____. (solteiro / casado / alemão)
b. Comprei umas gravatas _____ e _____. (simples / bonito)
c. As perguntas eram _____, mas as notas foram _____. (difícil / bom)
d. Que sofás _____ e que _____. (bom / agradável)
e. A Ana tem olhos _____ e cabelo _____. Usa uma saia _____. (azul / preto / curto)

B Formulieren Sie Vergleiche mit dem Komparativ.
a. As sandálias brancas são _____ as azuis. (= / caro)
b. O seu carro é _____ eu pensava. (+ / grande)
c. A minha mãe é _____ o meu pai. (- / alto)

C Bilden Sie den relativen Superlativ.
a. A *Ribeira* é _____ da cidade. (+ / bairro típico)
b. As praias do Alentejo são _____. (+ / bom)
c. Foi _____ que tive este ano. (+ / má nota)
d. Este apartamento é _____ de todos. (+ / grande)

D Ergänzen Sie den absoluten Superlativ.
a. Este restaurante é muito caro. É _____.
b. As propostas são muito boas. São _____.
c. O peixe é muito fresco. É _____.
d. Vou protestar. A comida é muito má. É _____.

TEST 4: Das Adverb

Bilden Sie aus den Adjektiven in Klammern Adverbien.
a. Ela vai à ginástica _____. (regular)
b. A entrevista correu _____. (ótimo)
c. Essas botas são _____ caras. (exagerado)
d. Eles ouvem _____. (mau)
e. Ela ouve _____ do que eles. (+ / bom)

TEST 5: Die Personalpronomen

A Ergänzen Sie die Anredeformen *tu, você(s), o(s) senhor(es), a(s) senhora(s)*.
a. Paulo, _____ vai também à festa da Lina?
b. Dr. Vaz, há uma pessoa que quer falar com _____.
c. (*im Hotel: Anrede älterer Gäste*) _____ podem preencher o formulário, por favor?
d. Vou ao congresso. E _____, também vais?
e. O diretor não está. _____ quer deixar recado, Dona Cristina?

B Ergänzen Sie die direkten/indirekten Objektpronomen sowie die Objekte nach Präpositionen und Reflexivpronomen.
a. A sua toalha é muito bonita. – Obrigada, comprei-___ em Faro.
b. Que nota deram à candidata? – Deram-___ uma nota boa.
c. O chá é para ___ (eu) e o café para ___ (ela).
d. Hoje estou sem carro. – Não há problema. Pode ir ___ (nós).
e. Lembra-___ do Bruno? – Bruno? Não, não ___ lembro ___.

TEST 6: Die Possessiva

A Setzen Sie die Possessivformen ein.
a. Queremos vender a _____ (*unser*) casa.
b. Posso deixar a _____ (*mein*) bicicleta aqui ao lado?
c. Carolina, não devias deixar o _____ (*dein*) filho fazer tudo o que ele quer.
d. Dr. Sá, como vai a _____ (*Ihre*) esposa?
e. Carlos, quem passa as _____ (*deine*) camisas? – As _____ (*meine*) camisas? Eu mesmo, é claro.
f. O _____ (*unser*) relatório está pronto. E o _____ (*eurer*)? (*zwei Arbeitskollegen werden angesprochen*)
g. (*im Hotel: Anrede älterer Gäste*) O táxi _____ (*Ihr*) já chegou.

B Setzen Sie die Possessiv-Alternativformen der 3. Person *dele(s), dela(s)* ein.
  a. (a casa do diretor da escola) _____ _____ é enorme.
  b. (as bicicletas dos alunos) _____ _____ são modernas.
  c. (a tarefa das mães) _____ _____ não é fácil.

TEST 7: Die Demonstrativa

Ergänzen Sie die Demonstrativa. Achten Sie auf die Verschmelzung!
  a. Para que serve ____ aqui? – ____ aí serve para apanhar fruta.
  b. Os quadros ____ exposição são muito tradicionais. – Bem, ____ quadro aqui é bem tradicional, mas ____ ali na parede são mais modernos.
  c. O sindicato dos transportes convocou uma greve para ____ semana.
  d. Já viram *Terra Sonâmbula*? – Claro, adoramos ____ filme.
  e. Fizemos um cruzeiro no Douro. – Olha, há três anos estive no Douro, mas ____ altura ainda não havia cruzeiros.

TEST 8: Die Indefinita

Vervollständigen Sie die Endungen und ergänzen Sie die verneinten Antworten mit den entsprechenden Indefinita.
  a. Você conhece muit____ estudantes brasileiros? – Não, não conheço _____ (estudante brasileiro).
  b. Algu____ me telefonou? – Não, até agora _____.
  c. Vocês sabem de algu____ coisa? – Não, não sabemos de _____.
  d. Ele conseguiu vender tud____? – Coitado, não vendeu _____.
  e. Fizeste muit____ erros? – Não, não fiz _____ (erros).

TEST 9: Die Interrogativa

Setzen Sie die passenden Fragewörter und eventuell die passenden Präpositionen und Substantive ein.

a. _____ é a sua profissão? – Sou fisioterapeuta.
b. Ela disse que vem com o namorado. – Ela disse que vem _____?
c. _____ países é que ele já viveu? – Em vários países.
d. A reserva é em nome _____? – Em nome de Santos.
e. Ele quer saber _____ pessoas é o bacalhau. – Para duas pessoas.
f. _____ livros desse autor é que o senhor já leu? – Já li *Mar Morto*.
g. _____ é que a senhora quer o bife? – Bem passado, por favor.

TEST 10: Die Relativpronomen und der Relativsatz

A Ergänzen sie die Relativpronomen.
a. A jornalista com _____ o senhor falou não trabalha aqui.
b. O hotel _____ ficamos era uma maravilha.
c. Conhece todos os professores _____ trabalham neste Instituto?
d. As praias _____ visitamos eram lindas.

B Verbinden Sie beide Sätze durch ein Relativpronomen.
a. Ele vende artesanato. O artesanato é feito na Bahia.
   O artesanato _____.
b. Ele passou as férias com a prima. A prima é inglesa.
   A prima _____.
c. Houve um incêndio numa fábrica. A fábrica fabricava pneus.
   A fábrica _____.

C Indikativ oder Konjunktiv? Markieren Sie die passende Form.
a. Encontrei um estudante que (quer / queira) trabalhar no meu café.
b. Precisa-se de *baby-sitter* que (fala / fale) russo.

TEST 11-1: Das Verb – Einführung

A Setzen Sie die passenden Modalverben und verbalen Ausdrücke ein.
a. Nós vamos nadar. Você não _____ ir também? – Eu iria com prazer, mas _____ estudar para uma prova.
b. (Eu) _____ tocar violino, mas atualmente não _____ tocar porque tenho dores no braço.
c. Eu _____ falar com o Dr. Sá. – Ele _____ (*soeben*) sair.

B *Ser* oder *estar*? Ergänzen Sie.
a. Vamos comer alguma coisa? Vocês não _____ com fome?
b. A casa da Ana _____ antiga, mas _____ bem conservada.
c. Os meninos _____ contentes porque amanhã não têm aulas.
d. A caipirinha do Bar Jotas _____ a melhor da cidade.

TEST 11-2: Das Verb – Indikativ

A Setzen Sie die Verben im Präsens ein.
a. De manhã, Célia _____ numa livraria e à noite ela _____ à escola. (trabalhar / ir)
b. Todos os dias, ela _____ aulas das 7 às 10. (ter)
c. Aos sábados, ela _____ a mãe: _____ as compras no supermercado e _____ a casa. (ajudar / fazer / arrumar)
d. Aos domingos, ela e o namorado _____ ao cinema. Em geral _____ filmes românticos. (ir / ver)

B Bilden Sie die 1. Person Singular *(eu)* und die 3. Person Singular *(ele)*.
a. Ouvimos rádio. – eu _____, ele _____
b. Lemos os jornais de manhã. – eu _____, ele _____
c. Preferimos chá. – eu _____, ele _____
d. Pedimos normalmente café. – eu _____, ele _____
e. Dormimos pouco. – eu _____, ele _____

C Setzen Sie die passenden Formen (Präsens, Verlaufsform, Futur mit *ir*, Futur I oder Futur II) ein.

a. A diretora não pode atendê-lo. Neste momento ela _____ com o presidente. (falar)
b. Normalmente nós _____ em casa, às 8 horas. (jantar)
c. Este ano eles _____ as férias em Albufeira. (passar)
d. Devido ao mau tempo, lamentamos comunicar que o desfile não se _____ (realizar)
e. Amanhã a esta hora eles já _____ para o Brasil. (partir)

D Setzen Sie die Sätze ins einfache Perfekt.

a. Ontem (eu) não _____ o despertador e _____ tarde. (ouvir / levantar-se)
b. (Eu) _____ correndo de casa. Na confeitaria _____ um café com leite e _____ um pão com manteiga. (sair / beber / comer)
c. _____ muitas reuniões à tarde. Depois do trabalho _____ ioga. (ter / fazer)
d. Em casa, depois do jantar, _____ um filme na televisão. _____ para a cama tarde. (ver / ir)

E Ergänzen Sie die Verben im Imperfekt.

a. Quando (nós) _____ estudantes, _____ todas as noites. (ser / sair)
b. Bons tempos aqueles! A gente não _____ a trabalhar antes das 10. (começar)
c. Quando (eles) _____ em Lisboa _____ uma casa grande. (morar / ter)
d. Todos os domingos as nossas tias _____ à igreja e depois _____ visitar-nos. (ir / vir)

F Perfekt oder Imperfekt? Ergänzen Sie die Verben.

a. Quando o telefone _____, ela _____ na cozinha. (tocar / estar)
b. No domingo passado as nossas tias _____ visitar-nos. (vir)
c. A rua é muito barulhenta. Nós _____ mudar de quarto? (poder)
d. Ela _____ a notícia quando _____ do trabalho. (ouvir / voltar)

G Zusammengesetzte Zeiten: Perfekt oder Plusquamperfekt? Setzen Sie die passenden Formen ein.
  a. Ele está cansado porque ultimamente _____ muito. (viajar)
  b. Quando eles chegaram, o avião já _____ (partir)
  c. O que é que vocês _____ nesses últimos meses? (fazer)
  d. Ela ainda não _____ a estudar quando o filho nasceu. (começar)

TEST 11-3: Das Verb – Konditional I / II

Ergänzen Sie die Verben im Konditional I oder II.
  a. (Eu) _____ falar com a Laura? (poder)
  b. Naquele dia ele _____ a mulher que _____ a vida toda. (conhecer / amar)
  c. Eu _____ as compras, se não tivesse que trabalhar. (fazer)
  d. Se não tivesse precisado de dinheiro, ele não _____ a casa. (vender)
  e. Esta madrugada o telefone tocou. Quando fui atender, ele parou. Quem é que _____ àquela hora? (telefonar)

TEST 11-4: Das Verb – Konjunktiv

A Vervollständigen Sie die Sätze mit dem Konjunktiv Präsens oder Imperfekt.
  a. Espero que não _____ amanhã. (chover)
  b. É possível que eles não _____ à aula hoje. (vir)
  c. Esperava que tudo _____ certo. (dar)
  d. Eles queriam que (nós) _____. (voltar)
  e. Era bom que (tu) _____ mais atenção. (prestar)

B Vervollständigen Sie die Sätze mit dem Konjunktiv Futur I.
   a. Se você _____ pode ficar com o livro. (querer)
   b. Não deixem de visitar Manaus quando _____ ao Brasil. (ir)
   c. Os alunos que _____ os exercícios mais cedo podem sair. (terminar)
   d. D. Lina é idosa, mas enquanto _____ ela quer morar em sua casa. (poder)

C Vervollständigen Sie die Sätze mit dem Konjunktiv Imperfekt oder Futur I.
   a. Se _____ tempo, aprenderia chinês. (ter)
   b. Se _____ passo por tua casa amanhã. (poder)
   c. Ele iria à festa se _____ convidado. (ser)
   d. Nós vamos à festa se você _____ também. (ir)

TEST 11-5: Das Verb – Imperativ

Vervollständigen Sie die Sätze mit den Imperativformen.
   a. _____ mais depressa! (andar / tu)
   b. Não _____ tão depressa! (andar / tu)
   c. _____ já para a cama! (ir / tu)
   d. Não _____ tarde para a cama! (ir / tu)
   e. _____ com ele! (falar) (você)
   f. _____ em casa! (sentir-se / vocês)
   g. _____ bem! (dormir / o senhor)

TEST 11-6: Das Verb – Nominalformen

A Unflektierter oder flektierter Infinitiv? Setzen Sie die passende Form ein.
   a. _____ não faz bem à saúde. (fumar)
   b. Queremos _____ com o professor. (falar)
   c. É melhor todos os alunos _____ com o professor. (falar)
   d. _____ a porta à chave. (fechar)
   e. O Rui e a Eva estão a _____ no Porto. (viver)
   f. Ao _____ (nós) na sala, tivemos uma surpresa. (entrar)

B Ergänzen Sie das Gerundium.
  a. A Eva continua _____ russo. (aprender)
  b. Os dias passaram _____. (voar)
  c. _____ por esta rua os senhores chegam lá. (ir)

C Setzen Sie die Formen des Partizip Perfekt ein. Wenn nötig, gleichen Sie sie an.
  a. Quando chegamos, elas já tinham _____. (partir)
  b. Até ontem as cartas ainda não tinham sido _____. (entregar)
  c. Temos _____ poucos filmes ultimamente. (ver)
  d. A sala e a cozinha não estão _____. (limpar)
  e. _____ as apresentações, começamos a reunião. (fazer)

TEST 11-7: Das Verb – Passiv

Bilden Sie Passivsätze aus den folgenden Aktivsätzen.
  a. Milhares de pessoas veem os jogos.
  _____
  b. A polícia prendeu os assaltantes.
  _____
  c. A secretária fará a entrega dos convites.
  _____
  d. Os cientistas descobriram um novo vírus.
  _____

TEST 12: Die Präpositionen

Setzen Sie Präpositionen oder präpositionale Ausdrücke ein. Achten Sie auf die Verschmelzung.

a. Siga _____ esta rua _____ o cruzamento.
b. Temos aula _____ português _____ 11 _____ meio-dia.
c. Onde é que está o dinheiro _____ as compras? – Ou está _____ mesa ou está _____ gaveta.
d. Esqueci-me _____ trazer o livro _____ exercícios.
e. _____ trabalho volto direto _____ casa.
f. Vou _____ avião _____ a Madeira e volto _____ barco.
g. O pedido foi assinado _____ inúmeras pessoas.
h. _____ que horas é que ele chega _____ casa? – Lá _____ seis.

TEST 13: Konjunktionen

A Ergänzen Sie die passende Konjunktion.

a. Estou doente, _____ não vou trabalhar.
b. _____ cheguei ao restaurante, eles já tinham jantado.
c. _____ esteja um dia bonito, não tenho vontade de sair.
d. O senhor tem de usar a escada, _____ o elevador está avariado.

B Indikativ oder Konjunktiv? Markieren Sie die passende Form.

a. Comprem uma casa antes que os preços (sobem / subam).
b. Quando eu (acabo / acabar) este projecto, vou viajar.
c. Sempre que ele (chega / chegar) ao escritório, liga o computador.
d. Se eu (tinha / tivesse) um carro, pouparia muito tempo.
e. O professor diz que (pode / possa) mudar a data do exame.

TEST 14: Der Satz

A Antworten Sie bejahend.
a. Trouxeram os vídeos? – _____
b. Você veio de bicicleta? – _____
c. Já reservaram o hotel? – _____
d. A senhora tem passado bem? – _____

B Antworten Sie verneinend.
a. Eles têm filhos? – _____
b. Você ouve as notícias todos os dias? – _____
c. Você já conhece o Brasil? – _____
d. Ele não vai embora? (doch) – _____

C Setzen Sie die folgenden Texte in die indirekte Rede. Der Hauptsatz steht jeweils im einfachen Perfekt.
a. "Vocês sabem o que me aconteceu ontem? Fui comprar o jornal neste quiosque aqui perto de minha casa. No momento de pagar, não encontrei a carteira. Quando voltei para casa, vi que estava em cima da mesa. Estarei a ficar velha?"
Ela _____
_____
_____
_____

b. "Eva, limpe os quartos e a sala quando chegar."
Ela _____
_____

TEST 15: Zahlen und Zeitangaben

Ergänzen Sie die Präpositionen bei den Zeitangaben.
a. Nós partimos ___ 9 ___ manhã.
b. Não trabalho ___ manhã, só ___ tarde.
c. O supermercado está aberto ___ domingos.
d. Nasci ___ outubro, ___ dia 27.
e. Hoje são 21 ___ junho.
f. ___ inverno chove muito.

Schlüssel zu den Tests

TEST 1: Das Substantiv
A **a.** o **b.** a **c.** o **d.** o **e.** o **f.** a **g.** o **h.** a **i.** o

B **a.** a professora **b.** a atriz **c.** a irmã **d.** a colega **e.** o pai
f. o avô **g.** o dentista **h.** a mulher.

C **a.** os céus **b.** os jornais **c.** os meses **d.** os juízes **e.** os lápis
f. os cantores **g.** as vantagens **h.** as couves-flores

TEST 2: Der Artikel
A **b.** O **e.** A, a **f.** os **j.** a

B **a.** O **b.** um **c.** uma **d.** as **e.** uns

TEST 3: Das Adjektiv
A **a.** solteiro, casada, alemães **b.** simples, bonitas
c. difíceis, boas **d.** bons, agradáveis **e.** azuis, preto, curta

B **a.** tão caras como **b.** maior (do) que
c. menos alta (do) que *oder* mais baixa (do) que

C **a.** o bairro mais típico **b.** as melhores **c.** a pior nota **d.** o maior

D **a.** caríssimo **b.** ótimas **c.** fresquíssimo **d.** péssima

TEST 4: Das Adverb
a. regularmente **b.** otimamente **c.** exageradamente **d.** mal
e. melhor

TEST 5: Die Personalpronomen
A **a.** você **b.** o senhor **c.** Os senhores/As senhoras **d.** tu
e. a senhora

B **a.** a **b.** lhe **c.** mim, ela **d.** conosco[BP]/connosco[EP]
e. se, me, dele

TEST 6: Die Possessivpronomen
A **a.** nossa **b.** minha **c.** teu **d.** sua **e.** suas/tuas, minhas
f. nosso, vosso[EP]/o relatório de vocês[BP]
g. dos senhores/das senhoras

B **a.** A casa dele **b.** As bicicletas deles **c.** A tarefa delas

TEST 7: Die Demonstrativa
a. isto, isso **b.** desta, este, aqueles **c.** esta **d.** esse **e.** nessa

TEST 8: Die Indefinita
a. muitos, nenhum **b.** alguém, ninguém **c.** alguma, nada
d. tudo, nada **e.** muitos, nenhuns

TEST 9: Die Interrogativa
a. Qual **b.** com quem **c.** Em que **d.** de quem
e. para quantas **f.** Que/Quais⁽ᴮᴾ⁾ **g.** Como

TEST 10: Die Relativpronomen und der Relativsatz
A **a.** quem/que **b.** onde/em que **c.** que **d.** que
B **a.** que ele vende é feito na Bahia **b.** com quem ele passou as férias é inglesa **c.** onde/em que houve um incêndio fabricava pneus
C **a.** quer **b.** fale

TEST 11-1: Das Verb – Einführurng
A **a.** quer, tenho que/tenho de **b.** sei, posso
c. gostaria/gostava de/queria, acaba/acabou de
B **a.** estão **b.** é, está **c.** estão **d.** é

TEST 11-2: Das Verb – Indikativ
A **a.** trabalha, vai **b.** tem **c.** ajuda, faz, arruma **d.** vão, veem
B **a.** ouço, ouve **b.** leio, lê **c.** prefiro, prefere **d.** peço, pede
e. durmo, dorme
C **a.** está falando/está a falar⁽ᴱᴾ⁾ **b.** jantamos
c. vão passar/passam **d.** realizará **e.** terão partido
D **a.** ouvi, levantei-me/me⁽ᴮᴾ⁾ levantei **b.** Saí, bebi, comi
c. Tive, fiz **d.** vi, fui
E **a.** éramos, saíamos **b.** começava **c.** moravam, tinham
d. iam, vinham
F **a.** tocou, estava **b.** vieram **c.** podíamos
d. ouviu, voltava/estava voltando⁽ᴮᴾ⁾
G **a.** tem viajado **b.** tinha partido **c.** têm feito **d.** tinha começado

TEST 11-3: Das Verb – Konditional I / II
a. Poderia **b.** conheceria, amaria **c.** faria **d.** teria vendido
e. teria telefonado/telefonaria

TEST 11-4: Das Verb – Konjunktiv
A **a.** chova **b.** venham **c.** desse **d.** voltássemos **e.** prestasses
B **a.** quiser **b.** forem **c.** terminarem **d.** puder
C **a.** tivesse **b.** puder **c.** fosse **d.** for

TEST 11-5: Das Verb – Imperativ
a. Anda **b.** andes **c.** Vai **d.** vás **e.** Fale **f.** Sintam-se **g.** Durma

TEST 11-6: Das Verb – Nominalformen
A   a. Fumar b. falar c. falarem d. Fechar e. viver f. entrarmos
B   a. aprendendo b. voando c. Indo
C   a. partido b. entregues c. visto d. limpas e. Feitas

TEST 11-7: Das Verb – Passiv
a. Os jogos são vistos por milhares de pessoas.
b. Os assaltantes foram presos pela polícia.
c. A entrega dos convites será feita pela secretária.
d. Um novo vírus foi descoberto pelos cientistas.

TEST 12: Die Präpositionen
a. por, até o⁽ᴮᴾ⁾/até ao⁽ᴱᴾ⁾ b. de, das, ao
c. para/das, em cima da/na, na/dentro da
d. de, de e. Depois do, para f. de, para, de
g. por h. A, em casa⁽ᴮᴾ⁾/a casa⁽ᴱᴾ⁾, pelas

TEST 13: Die Konjunktionen
A   a. portanto/por isso b. Quando c. Embora d. porque
B   a. subam b. acabar c. chega d. tivesse e. pode

TEST 14: Der Satz
A   a. Trouxemos. b. Vim. c. Já. d. Tenho.
B   a. Não, (não têm). b. Não, (não ouço). c. (Não,) ainda não.
     d. Vai, sim./Vai, vai./Claro que vai.
C   a. perguntou se eles sabiam o que lhe tinha acontecido no dia anterior. Disse que tinha ido comprar o jornal naquele quiosque lá perto de casa dela. No momento de pagar, não tinha encontrado a carteira. Quando tinha voltado para casa, tinha visto que estava em cima da mesa. Perguntou-se se estaria a ficar velha.
     b. pediu a Eva para limpar/que limpasse os quartos e a sala quando chegasse.

TEST 15: Zahlen und Zeitangaben
a. às, da b. de, de/à c. aos/nos⁽ᴮᴾ⁾ d. em, no e. de f. No

Register

Die Zahlen sind Seitenangaben. Abkürzungen: f. = und folgende Seite, ff. = und folgende Seiten.

A
à 26
a 26, 147, 151 f., 185
A que horas? 184
Adjektiv 32 ff.
Adjektive mit Präpositionen 157
Adverb 42 ff.
adverbiale Ausdrücke 42 ff.
Adverbien auf -mente 42 f.
aí 45, 80, 175
Akzente 7 f.
alguém 83, 84 f.
algum 83, 86 f.
ali 45, 80, 175
Alphabet 9
Angleichung des Adjektivs 32, 35
Anrede im ⓑⓟ 55 f.
Anrede im ⓔⓟ 56 ff.
ao 26
aquele 78 ff.
aqui 45, 80, 175
aquilo 78 ff.
Artikel 26 ff.
Artikel beim Datum 186
Artikel bei Zeitangaben 185
Artikel vor Possessiva 74 f.

até 147, 154
Ausrufesatz 172
Aussprache 7 ff.

B
Bedingungssätze 163 f.
bejahte Antwort 168
bejahter Aussagesatz 165 f.
bem 46
bestimmter Artikel 26 ff.
Betonungsregeln 7 f.
Bildung der femininen Form 21 ff., 33 f.
Bindung von Sprecheinheiten 17 f.
Bruchzahlen 182

C
cá 45 f., 175
cada 83, 85
cadê 92
com 65, 147, 154 f.
conjuntivo 127 ff.
cujo 97

D
Datum 186

de 26, 30, 65, 147, 149 f., 185
dele, dela 76
Demonstrativa 78 ff.
desde 147, 154
dever 107
Diphthonge 14 f.
direkte Objektpronomen 60 ff.
direkte Objektpronomen im ⓑⓟ 61 f.
direktes Objekt 103 f., 165 ff.
do, da 26
donde 92
doppelte Partizipien 142 f.
doppelte Verneinung 85
dum, duma 30

E
einfache Sätze 165 ff.
einfaches Perfekt 118 f., 121 ff.
em 26, 30, 65, 147, 153 f., 186
Entscheidungsfragen 168 ff.
Ergänzungsfragen 171

esse 78 ff.
estar 105, 109 f., 114 f., 143, 146, 195
este 78 ff.

F
flektierter Infinitiv 140 f.
Fragesatz 168 ff.
Funktionsverben 105 f.
Futur I 116 f.
Futur II 117 f.
Futur mit *ir* 115 f.

G
Genus 19 ff.
Gerundium 141 f.
gostar de 95, 107
Grundzahlen 178 f.

H
há 111, 191
haver 123
haver de 108
Hervorhebung von Satzelementen 167
Hilfsverben 105, 195 ff.

I
Imperativ 136 ff.
Imperfekt 119 ff.
Indefinita 83 ff.
Indikativ 113 ff.
indirekte Fragen 93
indirekte Objektpronomen 60, 62 f.
indirekte Objektpronomen im ⓑⓟ 63
indirekte Rede 174 ff.
indirektes Objekt 103 f., 165 ff.
Infinitiv 139 ff.
Interrogativa 89 ff.
ir 105, 115 f., 195
isso 78 ff.
isto 78 ff.

K
Kollektivzahlen 183
Komma in Relativsätzen 98
Komparativ 37 f.
komplexe Sätze 173
Konditional 124 ff.
Konditional I 124 f.
Konditional II 126 f.
Konjunktionen 158 ff.
Konjunktionen mit Indikativ 161 f.
Konjunktionen mit Konjunktiv 161 ff.
Konjunktionen mit Konjunktiv Futur 163
Konjunktionen mit Konjunktiv Präsens 163
Konjunktiv 127 ff.
Konjunktiv Futur I 133 ff.
Konjunktiv Futur II 135
Konjunktiv im Hauptsatz 129 f.
Konjunktiv im Nebensatz 130 ff.
Konjunktiv Imperfekt 128 ff.
Konjunktiv Perfekt 129 f., 132 f.
Konjunktiv Plusquamperfekt 129 f., 132 f.
Konjunktiv Präsens 127 f., 129 ff.
Konsonanten 10 ff.
koordinierende Konjunktionen 158 f.
koordinierende Sätze 173

L
lá 45, 175

M
mal 46
Modalverben 106 f.
Modus in Relativsätzen 99
muito 47, 83, 87

N
não 47, 50, 167 ff.
Nasaldiphthonge 16
Nasalvokale 15 f.
nem 47
nenhum 83, 86 f.
ninguém 83, 84 f.
no, na 26

Nominalformen des Verbs 138 ff.
num, numa 30

O

o qual, os quais 96 f.
o que 80, 89 f.
Objektpronomen nach Präpositionen 63 ff.
Öffnungsregeln bei *-o* 24, 34
onde 89, 92, 94, 96
Ordnungszahlen 181 f.
orthographische Veränderungen 40, 103

P

para 147, 151, 153, 184
Partizip Perfekt 142 ff.
Passiv 144 ff.
Passiv mit *-se* 72, 146
pelo, pela 26
Personalpronomen 53 ff.
Plural der zusammengesetzten Substantive 25
Pluralbildung 23 ff., 34 ff.
poder 106, 195
por 26, 147, 150 f.
por que 89, 93

Possessiva 73 ff.
Possessiva bei der Anrede im ⒝ 76 f.
Possessiva bei der Anrede im ⒠ 77
Präpositionen 147 ff.
präpositionale Ausdrücke 147 f.
Präsens 113 f.
precisar (de) 107

Q

qual, quais 89, 91
que 89 f., 94 f., 159, 172
Que horas são? 184
quem 89 f., 94 ff
querer 107, 196

R

reflexive Verben 108 f.
Reflexivpronomen 71 f.
regelmäßige Verben 102, 188 ff.
Relativpronomen 94 ff.
Relativsätze 98

S

saber 106, 196
Satz 165 ff.
Satzbetonung 172
se 71 f., 146, 159, 160, 163 f.
ser 105, 109, 111 f., 143, 146, 196

si 64
Spracheinheiten 17 f.
Steigerung der Adjektive 37 ff.
Steigerung des Adverbs 48
Stellung der Adverbialbestimmungen im Satz 49 f.
Stellung der Fragewörter im Satz 171
Stellung der unbetonten Objektpronomen 65 ff.
Stellung der unbetonten Objektpronomen im ⒝ 67 f.
Stellung der unbetonten Objektpronomen im ⒠ 68 ff.
Stellung des Adjektivs 36 f.
Stellung des Adverbs 49 f.
Stellung von Subjekt, Verb und Objekten 165 f.
stummes *e* 10 f., 13 f.
Subjekt 103, 165 f., 171
subjektlose Verben 112
Subjektpronomen 54 f.
Subjektumstellung 171
subjuntivo 127

subordinierende
 Konjunktionen
 159 f.
subordinierende
 Sätze 173
Substantiv 19 ff.
Substantive mit
 Präpositionen 157
Superlativ 38 ff.
Superlativ: weitere
 Ausdrucksmöglich-
 keiten 41

T

tanto 47, 84, 88,
 160
tão 37, 47, 160
tem 111
ter 105, 196
ter que/de 106
Tilde 8
todo 83, 86
tudo 83 f.

U

Uhrzeit 184 f.
unbestimmter
 Artikel 30 f.
unpersönliche
 Konstruktionen
 112, 141
unregelmäßige
 Verben 102,
 192 ff., 195 ff.
uns 30 f., 83

V
Verb 100 ff.
Verbalperiphrasen
 107 f.
Verben mit direktem
 Objekt 104
Verben mit indi-
 rektem Objekt
 104
Verben mit Prä-
 positionen 104,
 156
Verbkonjugationen
 102
**Vergrößerungs-
 formen 51 f.**
**Verkleinerungs-
 formen 51 f.**
Verlaufsform
 114 f.
verneinte Antwort
 169 f.
verneinte Formen
 des Imperativs
 136 f.
verneinter Satz
 167 f.
Verschmelzung
 von Artikeln mit
 Präpositionen
 26, 30
Verschmelzung von
 Demonstrativa
 mit Präpositionen
 79

Verschmelzung von
 Personalpronomen
 mit Präpositionen
 65
Verschmelzung von
 indirekten mit
 direkten Objekt-
 pronomen 70
Verstärkung von
 Entscheidungs-
 fragen 170 f.
Vervielfältigungs-
 zahlen 183
Vokale 13 ff.
Vollverben 103 f.
Vorgangspassiv 146

Z
**Zahlen und Zeit-
 angaben 178 ff.**
Zahlen: Lesart
 179 f., 183, 186
Zeitangaben 184 ff.
zusammengesetzte
 Adjektive 35
zusammengesetztes
 Perfekt 123 f.
zusammengesetztes
 Plusquamperfekt
 122 f.
Zustandspassiv 146